언니들이 들려주는
얼렁뚝딱 동화

언니들이 들려주는
얼렁뚝딱 동화

엮은이 | 이소연 외 29명
발행인 | 신중현

발 행 | 2016년 12월 25일

펴 낸 곳 | 도서출판 학이사
출판등록 | 제25100-2005-28호
대구광역시 달서구 문화회관11안길 22-1(장동)
전화_(053) 554-3431, 3432 팩시밀리_(053) 554-3433
홈페이지_http://www.학이사.kr
이메일_hes3431@naver.com

ISBN_979-11-5854-062-3 43740

언니들이 들려주는
얼렁뚝딱 동화

이소연 외 29명 엮음

學而思 │ 학이사

아이들에게 꿈과 희망을

저희 동아리에는 많은 학생들이 있습니다. 저희들은 원하는 미래 모습도, 가고 싶은 학과도, 당장의 계열도 다 다릅니다. 그러나 오직 하나의 목적, 필리핀 퀘손 시티의 면형 커뮤니티 아이들에게 꿈과 희망을 전달하고 싶은 마음 하나로 각자의 흥미와 능력이 다른 친구들이 이렇게 모이게 되었습니다.

저희 동아리는 올해가 첫 시작이었습니다. 그렇기 때문에 시간과 경험, 모든 것이 다 부족했습니다. 중간 중간 많은 어려움도 있었습니다. 처음 써보는 동화는 교훈성, 단어 선택 등 모든 것이 서툴렀고, 삽화는 생각보다 훨씬 힘이 드는 작업이었습니다. 힘들게 다 쓴 동화를 모국어가 아닌 영어로 다시 한 번 쓰는 작업은 더더욱 힘이 들었지요. 프로가 아닌 아마추어로서, 혹은 성인이 아닌 아직 어린 학생으로서 당연한 난관이었을지도 모릅니다. 하지만, 저희는 아마추어이고 학생이기에 가질 수 있는 신선하고 발칙한 발상을 이용해 기존의 동화를 패러디 하였습니다. 한 친구가 동화를 쓰면, 다른 친구들이 의견을 보태주고, 그림 작업을 도와주는 등 서로에게 의지하며 즐겁게 책을 완성하였습니다.

마지막으로 이 책을 출판하기까지 도움을 주신 저희 동아리 고문 박지성 선생님, 충청남도 교육청 관계자 분들, 출판사분들, 김미희 작가님 그리고 언급하지 않은 많은 분들에게 감사드립니다.
이제, 동화 속 세계로 떠나 볼까요?

2016년 12월
Fairy In Tales 복자여자고등학교
영어동화책 제작 동아리

차례

바다로 돌아간 인어공주

글 : 이소연
그림 : 이소연

옛날 아주 깊은 바닷속에 가장 아름다운 목소리를 가진 '인어공주' 가
살고 있었어요.
인어공주는 바다 위 세상에서 살고 있는 왕자님을 사랑하고 있었답니다.

그러던 어느 날 왕자님이 배 위에서 파티를 열고 있었을 때였어요.
갑자기 큰 파도가 넘실거리고 폭풍이 몰아치더니 배가 뒤집힌 것이에
요!
바다에 빠진 왕자님을 본 인어공주는 재빨리 헤엄쳐 가 그를 끌어안
고 바다 위로 올라갔답니다.

인어공주는 왕자님을 땅 위에 내려놓고선 그가 깨어날 때까지 왕자님
곁에서 노래를 불러주었어요.

얼마 지나지 않아 하늘은 언제 그랬냐는 듯 맑게 개이고 바다는 잠잠
해졌지요.

그때 한 이웃 나라 공주가 바닷가를 따라 걸어가다가 왕자님과 인어
공주를 보곤 소리쳤어요.

"이런 다리 없는 흉측한 괴물아! 왕자님께 뭐하는 짓이야!"

인어공주는 깜짝 놀랐지만 침착하게 이웃 나라 공주에게 상황을 이야
기해 주었어요.

"전 인어공주라고해요. 거센 폭풍으로 바다에 빠진 왕자님을 보고는
이렇게 구해드린 것이랍니다."

하지만 이웃 나라 공주는 그 말을 믿어주지 않았고 계속 왕자님에게
서 떨어지라고 소리치기만 하였답니다.

두 공주의 시끄러운 소리에 왕자님이 눈을 떴어요.

"아니, 모두들 누구시죠? 그대들이 나를 구해주었나요?"

"아니에요, 왕자님. 왕자님을 구해드린 건 바로 저예요! 저 괴물은 왕자님을 해치려고 하였어요!"

이웃 나라 공주는 왕자님에게 거짓말을 하였어요.

그 말을 들은 인어공주는 너무나도 화가 났지만 부드러운 목소리로 왕자님에게 말했어요.

"왕자님 아닙니다. 왕자님을 구해드린 건 바로 저에요. 큰 파도에 휩쓸린 왕자님을 안고 땅 위에 눕혀 놓았죠."

왕자는 도대체 누구의 말을 믿어야 할지 감이 오지 않았어요.

그래서 결국 두 공주를 모두 자신의 성으로 데려갔답니다. 바로 왕비님의 생각을 들어보기 위함이었죠.

"어머니, 이 둘 중 한 명의 공주가 바다에 빠진 저를 구해주었습니다. 꼭 진실을 밝히고 그녀를 제 아내로 맞이하고 싶습니다."

왕비는 왕자의 말을 듣고선 두 공주를 위, 아래로 살펴보았어요.

"저 다리 없는 것은 무엇이란 말이냐? 저 모습으로 수영이나 제대로 할 수 있겠니? 이건 누가 봐도 이웃 나라 공주가 구해준 것이다. 어서 저 괴물은 쫓아내고 이웃 나라 공주와의 결혼을 준비하여라."

왕비는 인어공주의 말은 들어보지도 않고 그녀를 바깥으로 쫓아내었어요.

인어공주는 너무나 황당했지만 혼자서 움직이기 힘든 땅 위에서 다시 성으로 들어가는 것은 하늘의 별 따기였지요.

결국 인어공주는 슬퍼하며 바다로 돌아갈 수밖에 없었어요.

며칠 뒤, 왕자와 이웃 나라 공주의 결혼식이 배 위에서 진행되었어요.

그곳엔 왕자님과 이웃 나라 공주를 포함하여 많은 신하들과 귀족들 그리고 왕과 왕비도 있었지요. 그곳에서 사람들은 신나게 춤을 추며 파티를 즐겼답니다.

그 모습을 지켜보던 인어공주는 이제 다시는 왕자님을 보지 못한다는 생각에 매우 슬퍼졌어요.

그래서 인어공주는 그 마음을 담아 노래를 부르기 시작했답니다.

인어공주의 아름다운 목소리는 멀리 퍼져 배 위에 있는 사람들에게까지 전해졌지요.

배 위에 있는 모든 사람들은 모두 춤추는 것을 멈추고는 어디선가 들려오는 아름다운 목소리에 흠뻑 빠져버렸어요.

"누구의 노랫소리일까? 너무나 곱고 아름다워!"

"와, 정말 아름다운 목소리다. 목소리만큼 얼굴도 몹시 아름답겠지?"

왕자님도 이 노랫소리를 듣곤 갑자기 무엇인가 떠올랐는지 사람들에게 소리쳤어요.

"이 목소리에요! 바로 제가 쓰러졌을 때, 계속 제 옆에서 들리던 노랫소리라고요. 분명 절 구해준 건 저 여자일 거에요!"

왕자의 말을 들은 왕비는 호위 부대를 시켜 이 목소리의 주인공을 찾으려고 하였어요.

호위 부대는 목소리를 따라가 인어공주를 발견하고서는 그녀를 억지로 데리고 배 위로 올라갔답니다.

"아니 넌 그 괴물이 아니더냐! 그 아름다운 목소리의 주인은 너일 리 없어!"

그녀를 본 왕비와 이웃 나라 공주는 놀라 소리쳤어요.

그것에 화가 난 인어공주는 그 자리에서 노래를 부르기 시작하였지요.

인어공주의 목소리는 사람들이 배 위에서 들었던 아름다운 목소리가 맞았답니다.

인어공주의 노래가 끝나자 왕자가 말했어요.

"어머니, 바로 이 목소리가 맞습니다. 그녀가 저를 구해준 것이 분명해요."

눈앞에서 노래를 부른 인어공주와 왕자의 말에 왕비는 더 이상 뭐라 할 수 없었어요.

이 모습을 지켜보던 왕은 그동안 왕비가 인어공주의 말을 들어주지 않았던 것을 알고는 이렇게 말했답니다.

"인어공주여, 이건 아무래도 너의 모습만을 보고 네 말을 들어주려고 하지 않았던 왕비의 잘못이었던 것 같구나. 지금이라도 그 잘못을 대신 이렇게 사과하니 용서해 주지 않겠니?"

　이 말을 들은 인어공주는 말했어요.

　"아니요, 저는 폐하의 사과를 받아드릴 수 없습니다. 왕비님과 이웃나라 공주님뿐만 아니라 여기 있는 분들 모두 다리 없는 저를 아직까지 괴물로 보고 있어요. 아무리 왕자님을 사랑해도 전 이곳에서 절대 살 수 없습니다. 다시 바다로 돌아가겠어요."

　왕자가 아무리 말려보아도 인어공주는 그 말을 마지막으로 뒤도 돌아보지 않고 바다로 향했답니다. 그러고는 다시는 사람들 앞에 모습을 드러내지 않았다고 전해진답니다.

세상에서 가장 아름다운 사람은 누구일까요?

글 : 오채령
그림 : 박현주, 오채령, 윤혜연

세상에서 가장 아름다운 사람은 누구일까요?

이 세상 어떤 사람에게 물어보아도, 모두들 백설공주라고 대답 하지 요. 녹음기를 틀어놓은 것처럼 말이에요.

왕비의 말하는 요술거울도 마찬가지였답니다. 왕비가 거울에게 물어 보면 거울은 항상 '백설공주랍니다!' 라고 답했어요.

사람들은 백설공주를 좋아했어요. 왕자들도 그녀를 좋아했어요. 심지 어는 동물들도 그녀를 좋아했답니다. 단 한 사람, 왕비만 빼고요.

왕비는 세상에서 가장 아름다운 사람이 되고 싶어서 많은 것들을 했 답니다.

파티를 열고 드레스를 샀죠. 세상에서 가장 화려한 드레스를 입고 왕 비는 거울 앞에 섰어요.

"거울아, 거울아, 세상에서 누가 가장 예쁘니?"

"백설공주입니다, 왕비님."

거울은 망설임 없이 대답했어요.

거짓말을 못하는 거울의 대답을 듣고 왕비는 화가 났어요.

"옷도 나를 가장 아름답게 만들어줄 수 없단 말인가!"

그 다음 왕비가 생각해낸 방법은 화장하기였어요.

"거울아, 거울아, 세상에서 누가 가장 예쁘니?"

"백설공주입니다. 왕비님."

왕비의 입이 부르르 떨렸어요.

"내가 이렇게 화장을 했는데도 백설공주가 나보다 더 예쁘다고?"

　왕비는 온 세상의 보석상을 뒤져 온갖 아름다운 장신구와 보석을 끌어 모았어요.

"거울아, 거울아, 이제 내가 세상에서 가장 예쁘지?"

"아직도 백설공주가 가장 아름답습니다, 왕비님."

왕비는 화가 나서 소리쳤어요.

"왜 내가 백설공주보다 더 예쁠 수 없는 거야!"

"백설공주를 당장 데려오너라!"

왕비는 백설공주를 못생기게 만들어야겠다고 생각했어요. 백설공주가 못생겨지면 자신이 가장 예쁠 테니까요.

신하들이 백설공주를 끌고 왔어요.

"받아라. 이 사과를 먹도록 해라!"

왕비는 세상에서 가장 예쁘고 강력한 독사과를 내밀었어요. 이 사과는 보기에는 예쁘지만, 한 입만 먹어도 못생겨지는 신기한 독사과였답니다. 왕비는 예쁜 공주가 예쁜 사과를 먹고 못생겨지는 모습을 보고 싶었어요.

하지만 백설공주는 사과를 먹지 않았어요. 백설공주는 책을 읽어서 독사과에 대해 알고 있었거든요.

"싫어요, 이 사과를 먹지 않을 거예요. 제가 왜 못생겨져야 하는 거죠?"

"나보다 예쁘다는 큰 죄를 지었기 때문이다. 그러니 나보다 못생겨져야만 해! 뭐하느냐? 당장 백설공주에게 사과를 먹여라."

신하들이 사과를 들고 백설공주의 입에 넣으려고 했어요. 그때, 백설공주가 갑자기 소리쳤어요.

"왕비님, 그럼 당신도 이 사과를 먹어야 해요. 죄인이라고요!"

"뭐라고? 세상 모든 사람들이 네가 가장 예쁘다고 하는데, 내가 왜 죄인이란 말이냐?"

왕비는 어안이 벙벙했어요.

"왕비님은 세상에서 가장 아름다운 목소리를 가졌잖아요. 그게 바로 죄가 아니고 무엇이냐고요?"

백설공주가 말했어요.

"왕비님, 왕비님에겐 아름다운 목소리가 있어요. 거울에게 물어보세요."

왕비는 놀랐어요. 왕비는 이제까지 한 번도 목소리에 대해 칭찬을 받은 적이 없었거든요.

왕비는 거울에게 물어보았답니다.

"거울아, 거울아, 세상에서 가장 아름다운 목소리를 가진 사람이 누구니?"

"왕비님, 왕비님께서 가장 아름다운 목소리를 가지고 계세요."

거울이 대답했어요.

"보세요. 왕비님, 제 말이 맞죠? 왕비님, 저는 세상에서 가장 아름다운 목소리를 가진 왕비님이 부르는 노래를 듣고 싶었어요. 제발 저희에게 노래를 불러주세요."

백설공주가 말했어요.

왕비는 큼큼 목소리를 가다듬고 노래를 부르기 시작했어요.

모두가 그녀의 아름다운 목소리를 좋아했어요. 백설공주의 몸이 절로 움직였어요. 춤을 추었어요. 신하들은 넋을 놓고 그 모습을 바라보았답니다. 세상에서 가장 예쁜 목소리를 가진 왕비가 노래하고 얼굴이 가장 예쁜 공주가 춤을 추는 모습은 표현할 수 없을 만큼 아름다웠어요.

"정말 멋진 공연이야!" 사람들이 감탄했어요.

"이건 내가 본 공연 중 최고였어."

　그때, 한 신하가 제안했어요.

　"왕비님, 그리고 백설공주님, 둘이 함께 한 팀으로 활동하시는 것은 어떤가요?"

　왕비는 태어나 처음으로 행복했어요. 크게 고개를 끄덕였어요. 백설공주도 물론이고요.

　이제 왕비와 백설공주는 매달 공연을 한답니다.

　많은 사람들은 왕비와 백설공주의 공연을 보기 위해 성으로 몰려들어요.

백성들이 모두 그들의 팬이에요.

앗, 저기 왕비가 팬들을 안아주네요!

왕비는 이제 더 이상 못된 왕비가 아니에요. 왕비는 모두에게 사랑받
고 있어요.

"거울아, 거울아, 누가 가장 행복한 사람일까?"

"왕비님, 행복하게 노래하시는 왕비님께서 가장 행복한 사람이지요!"

엄마 구출 작전

글 : 이영서
그림 : 박현주, 이신애

어느 마을에 꾀가 많은 청개구리 모자가 살고 있었어요.

엄마 청개구리는 항상 아들이 말하는 것에 반대로만 행동했지요.

아들 청개구리는 늘 반대로 행동하는 엄마 때문에 한 가지 꾀를 생각해 내었어요.

그건 바로 모든 것을 반대로 말하는 것이었답니다. 그러므로 항상 반대로 하는 모자 청개구리가 있었던 것이지요.

"색종이를 원 모양으로 잘라주세요."

이렇게 말하면 엄마 청개구리는 알겠다며 대답하곤 아들 청개구리가 원했던 모양과는 반대로 세모 모양으로 잘랐어요.

"엄마 오늘은 비가 오지 않는 날이에요."

아들이 말했어요.

"그래."

하지만 엄마는 우산을 들고 아들 청개구리를 데리러 갔지요.

아들 청개구리는 자꾸만 반대로 행동하는 엄마에게 장난을 치기 위해 다음 날 여행을 갈 것이니 집에 있어야 한다고 신신당부를 했어요.

그 다음 날 학교에서 돌아온 아들 청개구리는 집에 아무도 없는 것을 보고 기뻐했어요.

"역시 엄마는 공원에 가셨을 거야."

아들 청개구리는 자기의 예상대로 엄마가 집에 없자 신이 났어요.

하지만 30분, 한 시간, 두 시간이 흘러 점점 밖은 어두워져 갔어요.

밤이 되어도 엄마 청개구리는 집에 돌아오지 않았지요.

기다리다 못한 아들 청개구리는 엄마가 자주 가던 공원에 나갔고 거기서 엄마 청개구리를 공격하는 뱀을 보았어요. 엄마 청개구리는 아들

청개구리를 보고 위험하니 어서 도망치라고 외쳤어요.

하지만 아들 청개구리는 자기의 장난 때문에 위기에 처한 엄마를 보고 도망칠 수 없었답니다.

그래서 주변의 돌을 주워 뱀의 얼굴을 향해 힘껏 던졌지만 뱀은 엄마 청개구리를 놓아주지 않았지요. 지친 아들 청개구리는 뱀에게 말했어요.

"뱀아, 나와 내기를 하자. 만약 지금 내가 하는 말이 사실이라고 생각하면 나까지 잡아먹어도 좋아. 하지만 만약 거짓말이라고 생각한다면 그때는 우리 엄마를 무조건 살려줘야 해."

뱀은 무조건 사실이라고 우기고 나서 개구리 두 마리를 잡아먹을 생각에 그 제안을 받아들였어요.

곰곰이 생각하던 아들 청개구리는 뱀에게 말했어요.

"넌 무조건 엄마를 살려줄 거야."

아무런 말을 할 수 없게 된 뱀은 결국 약속대로 아들 청개구리와 엄마 청개구리를 살려주었어요.

아들 청개구리의 말이 거짓이라면 약속대로 살려주어야 하고, 사실이라면 아들 청개구리의 말에 따라 무조건 살려주어야 하니까요.

그렇게 위기를 모면한 청개구리 모자는 진짜 여행을 떠날 수 있었답니다.

꽃의 나라

글 : 조윤주, 최의진
그림 : 조윤주, 최의진

밝은 색으로 가득한 마을이 있었습니다.

이곳 사람들은 밝은 색에 익숙하기 때문에 검고 어두운 것들을 두려워했습니다. 그들은 검은 밤의 아름다움을 모르는 사람들이었어요. 그곳에서 태어난 까만 머리와 까만 눈동자의 엄지공주, '로'는 당연히 환영받지 못했어요.

모두가 검정빛 아름다움을 가지고 있는 '로'를 싫어했지요.

"검정색 괴물! 게다가 넌 엄지만큼 작잖아! 너 같은 괴물은 우리 마을에 있으면 안 돼!"

로가 아름답게 자라갈수록 마을 사람들은 점점 더 로를 미워했어요. 그들에게 검정빛은 그저 밉고 못난 것이었거든요. 로의 검정색이 마을의 아름다움을 해친다고 생각한 그들은 결국 로를 없애버리기로 결정했어요. 이 사실을 알게 된 로의 어머니는 로에게 작은 여행 가방을 쥐

어주며 이렇게 말했답니다.

"로, 엄마는 네가 네 아름다움을 인정받는 곳에서 살면 좋겠어. 너는 참 예쁜 아이란다. 너도 알지?"

"네, 엄마."

"그럼, 엄마의 고향인 꽃의 나라로 가려무나. 다른 사람들이 너를 해치기 전에, 어서 떠나렴."

로의 엄마는 로를 너무 사랑했기에 로를 떠나보냈어요. 작은 엄지공주, 로는 그렇게 꽃의 나라로 길을 떠나게 되었습니다.

마을을 떠나서 한참을 걷던 로는 달님 숲에서 까만 쥐들과 마주쳤어요.

로의 까만 머리에 반해버린 까만 쥐들은 로를 잡아갔답니다.

"날 놓아줘!"

로가 말했지만 까만 쥐들은 아랑곳하지 않았어요. 어두운 굴에 갇힌 로는 훌쩍였습니다.

"난 꽃의 나라에 가야한단 말이야."

로는 목이 쉬도록 외쳤어요. 그때였어요.

"울지 마."

울고 있는 로에게 작은 목소리가 들려왔어요. 로가 고개를 돌리자 그곳에는 달빛처럼 새하얀 쥐가 앉아 있었답니다.

"넌 정말 예쁘구나! 하늘에 떠있는 달님을 닮았어!"

"정말? 하지만 나는 모두가 싫어하는 하얀색인걸."

하얀 쥐, '무니'는 털이 하얗다는 이유로 검은 쥐들에게 따돌림을 당했어요. 그래서 매일 훌쩍거리며 홀로 구석에 숨어있었지요. 로에게 난생 처음 진심인 칭찬을 들은 무니는 가슴이 두근거렸어요.

"내가 도울 게 있을까?"

무니가 로에게 말했어요.

"내가 이곳에서 나가는 것을 도와줄 수 있니?"

로가 말했어요.

"물론이지!"

무니가 대답했어요.

"여기서 나가려면 달빛 동산을 넘어가야 해. 하지만 네 까만 머리 때문에 들킬 수도 있으니까 내 품에 꼭 안겨서 나가자. 나는 하얀 쥐니까 들키지 않을 거야."

무니의 말처럼 로는 무니에게 꼭 안겼어요. 그리고 무니가 달리기 시작했지요. 로와 무니는 달빛 동산을 넘고, 빛이 내린 숲을 가로지르며 신나게 달려갔답니다. 어느새 까만 쥐들의 굴은 보이지도 않았어요.

"어디로 가야 하지?"

무니가 갑자기 멈췄어요.

달빛이 사라진 숲속은 너무너무 어두웠답니다. 길을 잃은 로와 무니 앞에 작은 불빛이 보였어요.

"너는 누구니?"

"나는 반디야."

"왜 혼자 울고 있어?"

"난 내 친구들을 위험하게 만든대. 난 너무 외로워."

"위험하게 만든다니?"

"나의 반짝이는 불빛을 보고 무서운 사냥꾼들이 친구들을 쫓아온대. 그래서 친구들이 나와 함께 다닐 수 없대."

"그렇다면, 우리와 함께 가지 않을래? 우리에게 길을 알려줘!"

"정말? 괜찮겠니?"

"그럼! 우리는 사냥꾼들이 두렵지 않아!"

반디의 불빛을 쫓아 걷다 보니 어느새 동이 트고 있었어요.

꽃의 나라 입구가 저만치 보이기 시작했어요. 그러나 커다란 문제가 있었어요. 꽃의 나라 입구로 들어가려면 골짜기를 지나야 하는데, 그 골짜기는 너무 깊어서 걸어서 지나갈 수가 없었죠. 로와 친구들은 근처에 있는 제비 마을의 제비들에게 도움을 청했지만, 제비들은 꽃의 나라로 가는 것에는 관심이 없었어요. 오직 뾰족산을 넘어 날아다니는 것에만 관심이 있었지요. 로와 친구들이 한숨을 쉴 때, 작은 제비, 투투가 다가왔어요. 투투는 높이 나는 것을 무서워해서 다른 제비들에게 매일 같이 혼나며 지내는 제비였답니다.

　"꽃의 나라에 가고 싶니?"

　"우리를 거기에 데려다 줄 수 있어?"

　"응. 나는 높이 나는 것은 할 수 없지만 골짜기를 건너도록 해줄 수는 있단다."

　"와! 정말? 고마워!"

　"나도 너희에게 도움이 될 수 있어서 기뻐!"

　제비는 로와 친구들을 태우고 용기를 내서 날아올랐어요. 시원한 바람이 로와 친구들을 반겨주었답니다. 바람을 타고 훨훨 날아가자 꽃의 나라의 입구가 점점 가까워졌어요. 골짜기 건너편에는 꽃향기가 잔뜩 풍기고 있었지요.

"드디어 도착했어!"

로와 친구들은 떨리는 마음으로 뾰족산 입구에 자리 잡은 꽃의 나라로 들어섰어요.

꽃의 나라, 그곳은 하얀 색, 붉은 색, 검은 색, 갖가지 색들이 잘 어우러진 아름다운 꽃밭이었지요. 꽃밭에서 로와 친구들은 맘껏 어울려 놀았어요. 그곳에서는 하얗다고 해서, 검다고 해서, 반짝인다고 해서, 높게 나는 것을 무서워한다고 해서 무시당하거나 외로워지는 일 따위는 없었답니다.

빨간 모자와 파이와 늑대

글 : 이지은, 이신애
그림 : 이지은, 이신애

    옛날 어느 마을에, 언제나 배고픈 늑대가 살았습니다. 그 늑대는 항상 배가 고파서, 먹을 수 있는 것이면 무엇이든 먹었어요. 훔쳐 먹기도 하고, 뺏어먹기도 하고 말이죠.

    늑대가 사는 마을에는 '빨간 모자' 도 살았어요. 그 소녀는 항상 할머니가 만들어 주신 빨간 모자를 쓰고 다녔기 때문에 빨간 모자라고 불렸지요.

    어느 날, 항상 그랬듯이 늑대는 배가 고파서 주위를 어슬렁거리고 있었어요. 어느새 늑대는 빨간 모자의 집 근처까지 다다랐고, 먹을 것을 찾아 헤매었어요. 그때, 빨간 모자와 어머니의 목소리가 들려왔어요.
    빨간 모자의 어머니는 빨간 모자에게 이렇게 말했어요.

"빨간 모자야, 네 할머니가 네가 오기를 기대하면서 파이를 굽고 계신단다. 어서 다녀오렴. 길에서 벗어나지 말고 할머니 집으로 곧장 가도록 해!"

빨간 모자는 길을 떠났어요. 그리고 늑대는 골똘히 생각했어요.

"저렇게 작은 빨간 모자보다는 몸집이 더 큰 할머니를 먹으면 더 배부르겠지? 빨간 모자보다 더 빨리 할머니 집에 도착해야겠어!"

늑대는 빨간 모자를 슬금슬금 뒤따라갔어요.

빨간 모자가 룰루랄라 즐겁게 걸어가는데, 빨간 모자를 슬금슬금 뒤따라가던 늑대가 갑자기 나무 뒤에서 나타났어요.

"빨간 모자야, 어디 가니?"

"할머니가 나를 위해 파이를 굽고 계신대! 그래서 할머니께 가는 중이야."

늑대는 꾀를 내었어요.

"꽃을 가져가면 할머니가 더욱 기뻐하실 거야!"

늑대가 빨간 모자에게 말했어요.

"아, 정말 그렇겠다! 알려줘서 고마워!"

빨간 모자는 어머니가 하신 말씀을 까맣게 잊고 길을 벗어나 꽃을 꺾으려고 들판으로 달려갔어요.

늑대는 빨간 모자가 꽃을 꺾는 동안 할머니 집에 도착했어요. 그리고 목소리를 가다듬었지요.

"똑똑, 할머니! 저 왔어요."

늑대는 빨간 모자의 목소리를 흉내 냈어요.

"오, 빨간 모자 왔구나! 어서 들어오렴."

할머니는 파이를 굽느라 들고 있었던 국자를 앞주머니에 넣고 문을
열었어요.

늦대는 문이 열리자마자 할머니에게 입을 쩌억 벌렸어요.

할머니는 깜짝 놀라 뒷걸음질 쳤어요.

그때, 할머니는 어떤 냄새를 맡았어요.

그런데 맙소사, 그 냄새는 바로 파이가 타려고 하는 냄새였어요!

할머니는 앞주머니에 넣어 두었던 국자를 휘둘러 늦대의 이마를 딱!
하고 때렸어요.

영문도 모른 채 이마를 얻어맞은 늦대는 화가 머리끝까지 났어요.

늘대는 불을 끄러 급히 들어간 할머니를 성큼성큼 따라가 소리쳤어
요.
"내가 지금 배가 매우 고프니까 할머니를 잡아먹겠어!"
그리고 늘대는 다시 한 번 입을 쩌억 벌렸어요.

할머니는 침착하게 늘대에게 말을 걸었어요.
"늘대야, 배고프다고 사람을 먹으려고 하는 것은 나쁜 짓이야!"
"난 지금 너무나도 배가 고파! 사람을 먹지 않으면 무엇을 먹으란 말
이야?"
늘대는 할머니에게 억울하다는 듯이 말하였어요.
"그렇다면 나와 함께 파이를 만들지 않으련? 파이를 함께 만들면 배
가 고플 때마다 너는 파이를 구워 먹을 수 있을 거야!"

늘대는 할머니의 말을 듣고 좋은 방법이라고 생각했어요. 지금 배는
고팠지만 파이 만드는 방법을 알면 앞으로도 배고플 때마다 먹을 수 있
으니 말이죠.
늘대는 할머니와 함께 파이를 굽기 시작했어요. 그러자 할머니 집에
는 고소한 파이냄새가 퍼져갔습니다.

"할머니! 저 왔어요!"
시간이 지난 후, 빨간 모자가 꽃을 가득 안고 들어왔어요.
"어서 오렴!"
할머니가 싱글벙글 웃으며 빨간 모자를 반겼어요.
"와! 맛있는 파이 냄새다!"

빨간 모자는 킁킁 냄새를 맡으며 파이가 있는 부엌을 향해 빨리 달려 갔어요.

"어, 할머니! 집에 늑대가 있어 요!"

그런데 그 부엌에 늑대가 있지 뭐에요? 늑대를 보 고 놀란 빨간 모자가 무서 움에 떨었어요.

"괜찮아, 빨간 모자야! 늑대는 나와 함께 이 파이를 구웠단다!"

할머니가 빨간 모자에게 다정하게 말했어요. 늑대는 오븐에서 꺼낸 파이를 들어 올려 보였답 니다. 빨간 모자는 조심스럽게 테이블에 앉았어요. 그 리고는 자기 접시 위에 올려진 파이 한 조각을 보다가 걱정 스럽게 한 입을 베어 물었답니다.

"엄청 맛있어!"

파이는 정말로 잘 만들어졌어요. 빨간 모자는 허 겁지겁 파이를 먹었지요. 그 말에 뿌듯함을 느끼던 늑대도 이제 같이 파이를 우적우적 먹었답니다. 그 모습을 할머니는 웃으며 쳐다보았습 니다.

그 후, 늑대는 할머니와 빨간 모자의 배웅을 받으며 자기 집으로 돌아갔어요.

그리고 그 날 배운 대로 늑대는 그 날부터 파이 만드는 연습을 했어요.

결국 늑대는 파이를 아주 잘 만들게 되어 다른 배고픈 늑대들에게도 파이를 나누어주고, 파이 가게를 하나 차리게 되었답니다.

나는 거짓말이 좋아

글 : 이수인
그림 : 이수인, 최의진

　어느 마을에는 준이라는 아이가 살았어요. 별명이 '양치기 소년' 이었지요.

　그 남자아이는 항상 숙제를 마치면 무언가 재미있는 일을 하고 싶어했어요.

　어느 날, 준이는 주머니에서 성냥개비를 발견했고 한 가지 꾀를 생각해냈어요.

　재미를 얻기 위해 준이는 창문을 열고 밖에다 대고 큰 목소리로 외쳤지요.

　"여기 불이 났어요! 불이야, 불! 살려주세요!"

　그러자 준이의 목소리를 들은 마을 사람들은 준이의 집으로 헐레벌떡 뛰어왔어요.

　그러나 소년의 집에 다다랐을 때, 불은커녕 연기조차 어디에서도 볼

수가 없었지요.

　그 모습을 본 준이는 배꼽을 잡고 깔깔깔깔 웃기 시작했어요.

　"하하하하하! 내 거짓말에 속아 넘어가다니! 이거 정말 재밌군!"

　준이는 마을 사람들을 향해 큰 목소리로 숨이 넘어갈 정도로 크게 웃었어요.

　화가 난 마을 사람들은 소년을 꾸짖었어요.

　"이런 나쁜 녀석 같으니라고! 감히 거짓말을 하다니!"

　그러자 누군가가 큰 목소리로 외쳤어요.

　"전 좀 다르게 생각합니다. 준이의 거짓말로 인해 우리는 불을 끌 수 있는 몇 가지 장비나 소화기를 어디에다 두었는지 점검할 수 있는 계기가 되었습니다. 안 그런가요? 이게 실제 상황이라고 가정해 보세요."

　그러자 일부 마을 사람들은 그 사람의 말에 고개를 끄덕였어요.

　다음날,

불이야!!

다시 한 번 쩌렁쩌렁하고 다급한 목소리가 들려왔어요.

"살려주세요! 불이 났어요! 불이야 불! 살려주세요!"

준이가 소리쳤다는 걸 알고 처음에는 아무도 오지 않았어요. 그런데 준이의 울음소리가 들리자, 사람들은 준이가 진짜로 위험에 빠졌구나 생각하고 달려왔어요.

그러나 이번에도 거짓말이었어요.

"하하하하하! 또 속다니, 참으로 어리석구만!"

준이가 깔깔대며 말했어요.

기분이 나빴던 마을 사람들은 준이를 향해 외쳤지요.

"다음번에 또 이런 장난을 치면 그땐 진짜 가만히 두지 않을 거야! 절대로 거짓말 하지 마. 절. 대. 로"

그런데 어디선가 또 어떤 사람이 조용히 등장해서 말했어요.

불이야!!

"나는 준이가 우리로 하여금 한 번 더 화재 대피 훈련을 하게끔 만든 것 같군요. 이번에 우리는 불이 나서 피할 때 어느 길이 가장 좋을지 탐색하게 되는 계기가 되었죠. 안 그런가요?"

그러던 어느 날 모두가 자고 있는 한밤중에 준이는 성냥개비를 가지고 놀다 떨어뜨려 불이 번지기 시작했어요. 준이는 외쳤어요.

"살려주세요! 진짜로 불이 났어요! 제발 불 좀 꺼주세요! 실제 상황이에요!"

많은 마을 사람들이 준이의 목소리를 듣고 잠에서 깨어났지만 그의 요청이 거짓말인 줄 알고 가지 않았어요.

그러나 금세 연기는 사방에 퍼졌고 마을 사람들은 숨을 쉬기가 힘들었어요. 그제야 실제임을 알아차린 사람들은 모든 장비를 준비해서 준이의 집에 순식간에 도착했답니다.

물론 불도 꺼졌고 피해는 거의 없었어요.

준이의 거짓말이 화재진압훈련을 시킨 셈이랍니다.

그리고 준이는 앞서 여러 차례 했던 거짓말 때문에 진짜 불이 났을 때 무시당하는 것을 보고 거짓말은 나쁘다는 것을 알게 되었답니다.

동물친구들의 오색빛깔 숲

글 : 홍예린
그림 : 유예린

　어느 숲 속 마을, 다람쥐가 말했어요.
　"배고파, 내 먹이인 도토리를 찾을 수 없어. 언제부터 굶었는지 몰라."
　딱따구리가 말했지요.
　"쫄 수 있는 부리가 있으면 뭐해? 집을 지을 나무가 없는걸."
　사슴도 말했어요.
　"나도 나무꾼이 나무를 다 베어가는 바람에 숨을 곳이 없어. 이렇게 당하고 있을 수는 없지. 신령님께 나무꾼을 혼내달라고 빌자."
　"그래. 그러자."
　동물 친구들은 하늘에 제사를 지냈어요.
　"나무꾼에게 벌을 내려 주세요."
　그러자 어디선가 목소리가 들렸지요.

"나무꾼을 연못으로 부르렴."

사슴은 동물친구들을 대표하여 나무꾼에게 갔어요. 그리고는 나무꾼에게 사냥꾼이 쫓아온다고 거짓말을 했지요. 거짓말을 해서 연못으로 부르려는 속셈이었어요.

"살려주세요. 사냥꾼이 쫓아오는 것 같아요."

"넌 누구니? 난 나무를 베느라 바빠."

"이런! 나쁜 나무꾼 같으니!" 이 말을 듣고 몹시 화가 난 사슴은 나무꾼이 가지고 있던 도끼를 쳐 버렸어요. 나무꾼의 도끼는 연못에 빠져 버렸지요.

'풍덩'

"이런, 무슨 짓이니?"

그때 연못에서 연기가 피어오르더니 무언가가 나타났어요.

"신령님이신가요?"

"하하 나는 신령이란다. 나무꾼, 이 도
끼가 네 것이냐?" 하고 신령님은 오
색 빛의 도끼를 들고 물었지요.

"네 맞습니다." 하고 나무꾼이
대답했어요. 진짜 나무꾼의 도
끼는 낡고 힘이 없는 쇠도끼였
는데도 말이에요.

"그렇다면 가져가거라."
신령님이 말씀하셨어요.
나무꾼은 신이 났어요.
그러고는 산 속에 들어가

남은 나무들을 베기 시작했어요.

"와 신난다! 신나! 모든 나무를 베어 가져가야지. 틀림없이 나무가 잘 베어지겠지."

하지만 나무꾼이 나무에 도끼를 대는 순간, 모든 나무들은 베어지지는 않고 오색 빛을 내더니 온갖 과일들이 주렁주렁 열렸어요.

그래서 숲은 오색 빛깔 과일 나무 숲이 되었어요.

제일 신이 난 건 동물들이었어요.

"와! 신난다! 먹을 게 가득해 졌어! 우리 이제 더 이상 굶지 않아도 돼."

나무꾼은 실망한 채로 도끼를 두고 이사를 가 버렸고,

남은 동물들은 도끼를 가지고 과일 나무를 계속해서 만들어 냈어요. 그리고 모두 나누어 먹었답니다.

여러분도 역시 이 과일들을 받을 수 있을거예요. 어서 와서 동물들과 함께 즐겨보세요.

45

세상에서 가장 달콤한 포도

글 : 홍수민
그림 : 김민정

옛날 옛적 동물들의 마을에 여우가 살았어요. 그런데 이 여우는 오늘 기분이 좋지 않아요. 아침부터 학교에 지각을 했기 때문이죠. 하지만 어쩔 수 없는 지각이었어요. 개구리에게 괴롭힘 당하는 새를 보았거든 요. 불쌍한 새를 보고 그냥 지나칠 수 없었기 때문에 여우는 못된 개구 리를 쫓아내었어요. 그리고 울고 있는 새를 달래주기 위해 슈퍼에 가서 새들이 제일 좋아하는 지렁이 과자도 사다 줬답니다. 그리고 서둘러 학 교로 달려갔지만 어이쿠, 너무 늦어버렸어요.

여우는 지각한 이유를 선생님께 말씀드렸어요.

선생님은 착한 일을 한 여우를 칭찬해 주기는커녕 다음부터 한 번만 더 지각을 하면 정말로 혼을 내주겠다고 하셨어요.

'나는 늦잠을 잔 것도 아니고 위험에 처한 새를 도와주다가 늦은 건 데! 앞으로는 더 이상 남을 도와주지 않을 테야.' 여우는 생각했어요.

　수업이 끝났어요. 여우는 너무너무 배가 고파서 터덜터덜 집으로 가고 있었어요. 그 순간 여우는 포도가 주렁주렁 달린 포도나무 한 그루를 발견했어요. 포도는 탐스럽고 향기로웠어요. 꿀보다 달콤하고 꽃보다 향기로운 포도 냄새에 여우는 침을 꼴깍! 하고 삼켰답니다. 여우는 이 포도를 먹기로 결심했어요. 하지만 불행하게도 포도송이는 여우가 닿기에는 너무 어려운 나무에 열려 있었어요. 여우는 어떻게든 나무에 닿아 보려고 홀쩍 뛰고, 폴짝 뛰고, 껑충 뛰어봤어요. 긴 나뭇가지를 이용해서 찔러도 보고 나무를 흔들어도 보았죠. 하지만 모두 소용이 없었어요. 마침내 여우는 완전히 지쳐 버렸답니다. 여우는 너무 약이 올

라서

　"아무나 딸 테면 따라지, 저 포도는 분명히 신 포도일 거야. 벌레가 우글우글 할 지도 몰라!"라고 말해버렸어요.

　하지만 여우의 진심은 이게 아니었어요. 저 포도는 분명히 맛있을 것 같거든요. 여우는 향기로운 포도 냄새가 야속하게만 느껴졌어요. 여우는 너무나 분해서 결국 울음을 터뜨리고 말았어요. 혼자 힘으로는 절대로 포도를 따지 못할 거라는 생각에 여우는 그만 포기하고 싶어졌죠. 그런데 이때 여우의 울음소리를 듣고 멀리서 새 한 마리가 날아왔어요.

어라? 아까 아침에 여우가 만났던 아기 새네요.

"여우야, 여우야 왜 울어? 무슨 슬픈 일 있니?"

"배가 너무 고파서 포도를 따 먹고 싶은데 키가 닿지 않아서 포도를 먹을 수가 없어"

"그렇다면 내가 도와줄게! 내가 날아서 포도송이를 쪼아서 떨어뜨리면 될 것 같은걸?"

슝~! 새는 날아올라서 가장 탐스럽고 큰 포도송이를 부리로 쪼아 떨어뜨렸어요. 여우와 새는 맛있게 포도를 나눠 먹었어요. 포도는 역시 무척이나 달콤하고 맛있었답니다. 이 포도는 세상에서 가장 달콤한 포도였어요! 아마도 여우와 새의 착한 마음씨가 힘을 합쳐 포도에 새콤달콤 맛있어지는 마법을 건 것은 아닐까요?

맛있는 포도에 기분 좋아진 여우는 아침에 한 말은 취소하기로 했어요. 여우는 다음 날도, 그 다음 다음 날도 더 맛있는 포도를 먹기 위해 노력했답니다.

사탕이 열리는 나무

글 : 박세인
그림 : 박세인

　옛날, 옛날 어느 산속에 한 마녀가 살고 있었어요. 마녀는 남편도 없고 아이도 없이 오로지 혼자 100년이라는 시간을 살고 있었답니다.

　마녀는 아이들을 무척이나 좋아했어요. 가족들과 소풍을 온 아이들의 꺄르륵 꺄르륵 웃는 소리를 들을 때면 마녀는 아이들을 너무너무 보고 싶어 했답니다.

　마녀는 과자를 제일 잘 만들었어요. 과자를 만들어서 아이들에게 선물하고 싶었지요. 하지만 마녀의 험상궂게 생긴 얼굴 탓에 아이들은 모두 겁에 질려 도망가기 바빴어요. 그래서 그녀는 항상 과자 나눠 주기를 실패했었답니다.

　'어떻게 하면 아이들이 나에게 다가오게 할 수 있을까?' 마녀는 깊은 생각에 빠졌어요. 아! 여러 날이 지나 마녀는 좋은 생각이 떠올랐어요.

　'아이들은 과자를 좋아하고, 나는 과자를 잘 만들지. 과자 집을 만들

어 선물하면 아이들이 무서워하지 않고 다가오겠지?'

그 후 마녀는 많은 양의 과자를 굽기 시작했어요. 과자벽돌을 굽고, 생크림으로 벽을 쌓고, 초콜릿 문을 만들고, 설탕과자 창문과 롤케익 지붕을 만들었어요. 그리고 주위에는 달콤한 향이 나는 사탕나무를 심었답니다.

과자집을 완성한 마녀는 아이들이 오기만을 기다렸답니다.

아이들이 오기를 기다리고 기다리던 어느 날, 한 남매가 마녀의 과자집에 다가왔습니다. 배가 고팠는지 허겁지겁 과자 집에 붙어있는 과자를 먹고 있었어요. 마녀는 맛있게 먹어주는 아이들이 그렇게 사랑스러울 수가 없었어요.

마녀가 문을 열고 아이들에게 물었어요.

"안녕? 너네는 누구니? 혹시 길을 잃은 거야?"

남매는 마녀를 보고 흠칫 놀라며 말했어요.

"앗, 죄송해요. 너무 배가 고파서 그만 몰래 과자를 먹어버렸어요. 저희는 헨젤과 그레텔이에요. 새엄마가 저희를 산속에 버리고 가버리셨어요." 아이들은 몸을 움찔 웅크리며 말했어요.

마녀는 아이들이 너무 안쓰러웠어요.

"아니다 아니야. 미안해 할 필요 없어. 과자집은 먹으라고 만들었는걸. 과자는 안에 더 많으니 안에 들어와서 먹지 않을래?"

헨젤과 그레텔은 잠시 머뭇거리다 춥고 배가 고픈
나머지, 과자집 안으로 들어갔어요.

헨젤이 말했어요. "감사합니다. 겉모습과 다르게 친
절하시네요. 무서울 줄 알았거든요. 혹시 우리를 잡아먹
으려는 것은 아니죠?"

마녀가 말했어요. "아니다. 아니야. 그건 마음씨 고약한 작가가
지어낸 이야기란다. 그동안 그 이야기 때문에 아무도 나와 친해지려고
하지 않았지. 사실 너희들도 도망갈까 봐 걱정을 많이 했단다. 온 사방
에 험상궂은 마녀가 산다고 소문이 났는지 이곳 근처로 아이들이 도통
오지를 않아서 말이야."

그 말을 들은 그레텔이 말했어요.

"걱정하지 마세요. 마녀님은 곧 가장 인기 있는 마녀가 될 테니까요."

"정말? 그게 사실이야? 어떻게 그럴 수 있니? 나는 100년이 지나도록
해결을 못하고 있는데 말이다."

마녀는 믿을 수가 없다는 표정이었어요.

"우리만 믿으세요. 할머니."

헨젤과 그레텔이 자신있게 말했어요.

"할머니? 나더러 할머니라고? 그거 참 좋구나. 좋아. 할머니. 많이 많
이 불러다오, 할머니. 할머니."

마녀는 할머니를 외치며 좋아서 박수를 쳤어요.

며칠이 지났어요.

어찌된 일인지 마녀를 꼭 닮은 키 작은 아이들이 돌아다니고 있네요.

바로 '할로윈데이' 였던 거예요.

아이들은 다양한 귀신분장을 하고 사탕을 받으러 가고 있었어요. 모

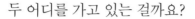

두 어디를 가고 있는 걸까요?

그곳은 다름 아닌 마녀네 과자 집이었어요.

"사탕 좀 가져갈게요!"

"과자 좀 가져갈게요!"

마녀가 만든 과자집이 점점 허물어졌어요.

집이 허물어지는데도 마녀는 좋아서 하하호호 웃었어요.

아이들은 분장하지 않은 마녀가 좋았어요. 분장을 하지 않아도 험상 궂으니까요.

엄마, 아빠들은 아무리 분장을 해도 마녀할머니처럼 되지는 않았어 요. 진짜 마녀가 그럴싸하니까요.

덕분에 마녀는 아이들에게 맛있는 과자를 줄 수 있었고, 인기폭발 마 녀가 되었답니다.

할로윈데이만 되면 마녀는 과자집을 만든답니다. 마당에 심은 사탕나 무엔 여전히 사탕이 주렁주렁 열리고요. 10월이면 텔레비전에 광고가 나온답니다.

할로윈데이에 마녀집으로 사탕 따러 오세요.

달콤하게 잘 익었을 테니까요. 어린이들에게는 당연히 공짜랍니다.

흰 쥐와 검은 쥐

글 : 윤하은
그림 : 이수인, 이신애, 홍수민

오래전부터 쥐들은 피부색을 기준으로 검은 쥐와 흰 쥐로 나뉘어져 살아가고 있었어요.

그런데 어느 날 고양이들이 쥐들에게 시비를 걸었고 금방 큰 싸움으로 변해버리고 말았지요.

결국 쥐들은 고양이들에게 대응하기 위해 평화의 마을에 모여 같이 살기로 하였어요.

그동안 흰 쥐는 검은 쥐보다 모든 면에서 낫다는 자부심을 가지고 있었기 때문에 흰 쥐들은 검은 쥐들을 깔보고 무시했어요.

"피부가 하얀 게 예쁘지."

"검은 쥐는 씻지도 않아!"

"검은 쥐들은 잘 뛰지도 못해!"

그러던 어느 날 고양이들 중 한 명이 쥐들이 사는 마을을 찾아 습격했

어요.

흰 쥐들은 급하게 도망쳤지만 다리를 다쳤던 쥬디는 도망칠 수 없었
어요.

"오, 이런, 고양이가 나에게 다가오고 있어!! 어떡해.. 이럴수가.."

그때 검은 쥐인 제이크가 재빨리 쥬디를 당겨 구멍 속으로 숨겨주었
어요.

"으악. 누구세요?"

"난 검은 쥐 제이크야."

"검은 쥐 따위가 어디 내 몸에 손을 대고 그래?"

쥬디는 검은 쥐가 잡았던 팔을 탁탁 털며 불쾌해했어요.

제이크는 어이가 없었어요.

"흥, 살려줘서 고맙다는 인사는 못할망정, 역시 듣던 대로 흰 쥐들은 잘난척쟁이에 예의가 없군."

검은 쥐 제이크가 코웃음을 치며 돌아앉았어요. 둘은 한 마디도 하지 않았어요.

좁은 굴속은 갑갑한데 고양이는 쥐들을 포기하지 않고 굴 앞에서 쥐들이 나오기만을 기다리고 서있었어요.

"만약 내가 다리를 다치지 않았더라면 혼자서라도 탈출할 수 있었을 거야."

쥬디는 여전히 잘난 척을 하였어요.

"물론 그랬겠지."

제이크는 쥬디가 잘난 척하도록 놔두고 다리의 상처를 치료해주기 시작했어요.

제이크가 사는 좁은 굴속에는 없는 게 없었거든요.

쥬디는 마음속으로 제이크에게 조금 고마웠지만 고맙다는 말을 하지는 못했어요.

"아, 배고파."

쥬디는 배가 고팠어요.

제이크는 흑 빛 주머니에서 먹을 걸 꺼내 나눠줬어요.

"와, 이건 내가 제일 좋아하는 좁쌀이잖아."

"정말? 나도 좁쌀을 제일 좋아하는데."

쥬디와 제이크는 밤새도록 좋아하는 것에 대해 얘기를 나눴어요.

제이크가 좋아하는 노래는 쥬디도 좋아했고요,

쥬디가 하는 숨바꼭질 놀이를 제이크도 좋아했어요.

쥬디는 제이크와 생활하면서 그 동안 검은 쥐에 대해 잘못 알고 있었다는 것을 깨달았어요.

기다리다 지친 고양이는 돌아가고 흰 쥐들은 쥬디를 구출했어요.

그들은 그동안 제이크와 쥬디가 함께 있었다는 사실에 매우 놀랐어요.

쥬디는 사람들 앞에서 검은 쥐와 어깨동무를 하며 말했어요.

"놀라실 필요 없어요. 전 제이크가 아니었으면 죽었을지도 몰라요. 검은 쥐들은 우리와 피부색만 다를 뿐 모두 우리와 같은 쥐예요."

그 후 검은 쥐들과 흰 쥐들은 힘을 합쳐 고양이에 맞서 싸우며 사이좋게 살아갔답니다.

임금님 귀는 마법의 귀

글 : 송해진
그림 : 유예린

옛날 옛적 어느 왕국에 아주 커다란 귀를 가진 임금님이 살고 있었어요.

어찌나 귀가 큰지 꼭 당나귀 귀 같았지요.

"이게 뭐람. 아이고, 참. 이 귀를 어찌할꼬?"

임금님은 거울로 커다란 귀를 볼 때마다 너무 창피하고 싫었죠.

임금님은 한참을 고민하다가 결국에는 머리에 두건을 써서 커다란 귀를 감추며 살았어요.

그래서 신하도, 왕비도, 궁녀도 감쪽같이 몰랐지요.

하지만 두건을 매일 쓰고 있으니 너무나 불편했어요.

"언제까지 두건을 쓰고 다닐 수는 없지. 여봐라, 실력이 좋기로 소문난 의관을 불러 오거라."

임금님은 마을에서 가장 용하기로 소문난 의관을 만나 고민을 털어놓았답니다.

"이보게, 이 커다란 귀를 고칠 수 있는 방법이 어디 없겠소?"

하지만 의관은 시원한 해결법을 내놓지 못했어요.

임금님은 포기하지 않고 어떤 병이든 다 낫게 해준다는 귀한 약도 먹어봤지만 소용이 없었지요.

임금님은 커다란 귀를 숨길 수 있는 왕관을 만들어보기도 했어요.

하지만 어느 날 말을 타고 사냥에 나갔다가 그만 왕관이 벗겨질 뻔 했지 뭐예요!

임금님은 자신에게 커다란 귀를 만들어준 하늘을 원망했답니다.

그런데 임금님이 큰 고민에 빠져있던 어느 날, 모든 고민을 해결해준 다는 한 노인에 대한 소문을 듣게 되었어요! 그래서 임금님은 그 노인을 찾아갔답니다.

"노인 양반, 나는 아주 커다란 귀를 가지고 있소. 이를 고쳐줄 방법이 있소?"

그러자 노인이 말했어요.

"제가 임금님의 고민을 해결해 드릴 테니, 대신 천 냥을 내시오."

임금님이 하는 수 없이 노인에게 천 냥을 주자, 노인은 임금님에게 이상한 물약을 주며 말했어요.

"이 물약을 먹고 잠에 들면 임금님의 고민이 말끔히 해결될 것입니다."

임금님은 속는 셈 치고 그날 밤에 물약을 먹고 깊은 잠에 빠졌어요.

다음 날 아침, 아니 이게 어떻게 된 일일까요? 임금님의 귀가 그대로 였지 뭐예요!

너무 화가 난 임금님은 다시 그 노인을 찾아갔어요.

사실 이 노인은 소문난 사기꾼이었지요!

　"지금 나랑 장난을 치는 것이냐? 왜 물약을 먹었는데도 커다란 귀가 그대로란 말이냐!"

　임금님은 고함을 치며 당장 노인을 감옥으로 끌고 가려고 했어요. 그러자 노인은 재빠르게 머리를 굴려 침착하게 말했어요.

　"임금님, 잘 들어보십시오. 임금님의 귀는 온 백성들의 작은 목소리 하나하나를 들을 수 있는 마법의 귀입니다. 이렇게나 훌륭한 귀를 어찌 부끄럽게만 여기십니까?

　임금님은 백성들의 마음에 귀를 기울이는 훌륭한 왕이 되어 나라를
슬기롭게 다스리실 것입니다."

　임금님은 너무 놀랐어요! 지금까지 그 누구도 임금님의 커다란 귀를
칭찬해준 적이 없었기 때문이에요. 실력이 좋다는 의관도, 귀한 약도,

그리고 커다란 왕관도 모두 임금님의 커다란 귀를 없애고 숨기려고만 했지요. 임금님은 충격에 휩싸여 궁으로 터덜터덜 돌아왔답니다.

그리고는 가만히 앉아 세상의 소리에 귀를 기울였어요.

그러자 백성들의 작은 소리들이 하나, 둘 들리기 시작했지요.

"아이고. 이번 농사도 흉년이구나. 당장에 내일 먹을 쌀도 없으니, 이를 어찌하면 좋을꼬!"

편찮으신 홀어머니와 어린 일곱 자녀들을 먹여 살려야 하는 한 농부의 목소리가 들리는가 하면,

"아이고, 벼슬양반! 이 쌀까지 가져가면 난 뭘 먹으란 말이오! 아이고, 아이고!"

욕심이 많은 관리에게 남은 쌀마저 빼앗기는 한 백성의 서러운 목소리가 들렸지요.

임금님은 이러한 모든 목소리를 들을 수 있게 되었어요. 그리고는 깨달았지요.

"아, 백성들은 이렇게 힘든 삶을 살아가고 있구나. 한 나라의 임금으로서 너무 부끄럽다."

그리하여 임금님은 커다란 귀를 통해 세상의 억울하고 서러운 목소리를 들으며 모든 백성들이 행복한 나라를 만드는 훌륭한 임금님이 되었답니다.

우리는 게으르지 않아!

글 : 윤혜연
그림 : 유예린, 조윤주

"룰루랄라"

"베짱이 가족은 100년이라는 시간이 흘렀는데도 변함없이 놀기만 하다니, 정말 게으르구나!"

개미들은 자신들처럼 열심히 일을 하지 않고 밖에서 놀기만 하는 베짱이들을 비웃으며 말했어요.

개미들은 영차영차 부지런히 일을 했지요. 개미들은 매일매일 흙과 벽돌을 쌓고 나무를 날랐어요. 이것이 100년 동안 전해 내려온 개미 마을의 규칙이었기 때문이지요.

어느 날, 아기 개미가 엄마 개미에게 물었어요.

"엄마, 저도 텔레비전에 나오는 사람들처럼 멋지게 노래를 부르는 가수가 되고 싶어요. 저희는 왜 이렇게 일만 해야 하나요?"

언니 개미가 옆에서 대답했어요.

"그건 우리 개미 가족들의 규칙이기 때문이야. 아기 개미야, 너는 부모님의 말씀대로 열심히 일을 한다면 겨울에 편안하게 지낼 수 있어. 베짱이들처럼 놀기만 하다가는 나중에는 커서 굶어 죽게 될 거야."

이렇게 개미들은 별로 하고 싶지 않고 재미가 없어도 개미 가문의 규칙을 따라 하루하루 똑같은 일을 반복하며 살아갔어요. 한편, 베짱이 가족은 개미 가족과는 좀 달랐어요. 어느 베짱이는 커다란 바위 위에서 기타를 치며 흥얼흥얼 노래를 부르고 있고, 어느 베짱이는 그림을 그리고 있었어요. 또 다른 베짱이는 풀밭에 앉아 여러 가지 식물들을 관찰하고 있었지요.

이렇게 베짱이들은 각자 자신들이 하고 싶은 일들을 하며 날마다 즐겁게 보냈어요. 베짱이들은 이런 일들이 너무나도 재미있어 더욱더 열심히 했지요. 아기 베짱이는 식물을 너무나 좋아하여 매일매일 꽃과 나무를 관찰했어요.

"이 나무는 다른 나무들보다 줄기가 굵고 길이가 기네. 이 꽃은 꽃잎이 한 잎, 두 잎, 세 잎, 네 잎이나 있구나!"

옆에서 나무를 나르던 개미들이 이런 아기 베짱이를 이상하게 바라보며 말을 걸었어요.

"아기 베짱이야, 너는 나무를 나르지 않고 여기서 무얼 하는 거니? 겨울이 오기 전에 어서 땔감을 마련해야지."

"개미들아, 나는 식물을 관찰하는 것이 정말 좋아. 너희들은 나무를 나르는 것이 재미있니?"

"아니. 재미는 없지만 우리 개미 가족들은 잘 살아가기 위해 100년 동안 전해 내려온 규칙을 지켜야 해. 너도 잘 살아가고 싶다면 게으름을 피우지 말고 우리를 따라 나무를 나르는 것이 좋을 거야."

개미들은 아기 베짱이를 무시하며 이렇게 대답하고 다시 제자리로 돌아가 나무를 날랐어요.

이렇게 몇 년의 시간이 흘렀어요. 꽃과 나무를 열심히 관찰하던 아기 베짱이는 훌륭한 과학자가 되어 자연을 연구했답니다. 또, 노래를 열심히 연습하던 베짱이는 유명한 가수가 되어 다양한 방송에 출연했고, 다른 베짱이는 화가, 선생님, 작가가 되어 자신이 하고 싶은 일을 마음껏 하고 살 수 있게 되었지요. 개미 가족은 베짱이 가족이 잘 살아가는 모

습을 보고 너무나 놀라 베짱이 가족을 찾아가 물어보았어요.

"당신들은 항상 놀기만 하고 저희처럼 열심히, 힘들게 일을 하지 않는데 어떻게 성공한 것인가요?"

"저희 베짱이 가족은 각자가 관심이 있고 재미있다고 여기는 일을 하여 자신의 일을 더욱더 즐겁게, 열심히 할 수 있었답니다. 물론 여러분들처럼 매일 부지런히 일을 해도 잘 살 수 있겠지만 저희 가족은 각자의 흥미와 관심을 가장 중요하게 여겼어요."

이 말을 듣고 엄마개미와 아빠개미는 베짱이 가족을 비웃으며 자신의 자녀들이 하고 싶은 일을 하지 못하게 하고 무조건 나무와 벽돌을 나르도록 한 것을 후회했어요. 그리고 이 이후로는 베짱이 가족처럼 자신들이 하고 싶은 일을 즐겁게 할 수 있는 행복한 개미 마을로 바뀌었답니다.

요술붓

글 : 신동은
그림 : 김민정

옛날 옛날 어느 마을에 마음씨 착한 홍부와 욕심 많은 놀부가 살고 있었어요. 형이었던 놀부는, 재물을 동생과 나누고 싶지 않아 홍부를 집에서 쫓아냈어요.

홍부와 홍부의 아내, 그리고 10명의 아이들은 하는 수 없이 외딴 곳에서 초가집을 짓고 가난하게 살았답니다.

그러던 어느 날이었어요. 홍부가 다친 제비를 발견했어요. 마음씨 착한 홍부는 제비의 다리를 고쳐주었답니다.

"정말 감사합니다. 보답의 의미로 이 박씨를 드릴게요. 박을 잘 키우시면 좋은 일이 있을 거예요."

제비는 이렇게 말하고는 날아갔어요. 홍부의 손에는 어느새 씨앗이 들려 있었죠. 홍부네 가족은 이 박을 심고 애지중지 키웠답니다.

박은 무럭무럭 자라 초가집 지붕 위에 주렁주렁 열렸어요. 박은 마치

보름달이 지붕 위에 있는 것 같이 컸답니다. 이제 박을 탈 때가 온 거예요. 쓱싹쓱싹, 흥부와 아이들은 열심히 박을 탔어요.

그런데, 그 큰 박 안에는 뭐가 있었을까요? 금화? 쌀? 집? 아니에요. 바로 붓이었어요!

"제비가 거짓말을 했나? 좋은 일이 있을 거라고 했는데, 겨우 붓 한 자루잖아!"

흥부는 실망했어요.

하지만, 흥부네 가족은 아주 가난해서 붓 하나 살 돈도 없었어요. 항상 나뭇가지를 갖고 그림을 그렸던 흥부의 아들딸들에겐 아주 귀한 선물이었던 거죠.

"우와! 이게 붓이라는 거구나! 그런데 어쩌지, 그림을 그릴 종이는 없는데! 벽에 한 개 쯤은 그려도 괜찮겠지?"

넷째 아들은 호기심에 벽에 낙서를 하기 시작했어요.

가난해서 항상 먹을 것도 제대로 먹지 못한 흥부네 넷째 아들은, 자신이 먹고 싶었던 과자를 벽에 그렸어요. 벽에 그려진 과자는, 비록 그림이었지만 제법 맛있어 보였답니다.

넷째 아들의 입에는 군침이 돌기 시작했어요.

"와, 이걸 먹을 수만 있다면 얼마나 좋을까?"

그러자, 벽에서 펑! 하는 소리와 함께, 흥부네 넷째 아들의 손에는 자신이 그린 과자가 들려져 있었답니다.

"맛있겠다……."

오랜만에 보는 과자를 보고 동생들이 말했어요.

"내가 아까 그렸던 과자야. 이 붓으로 그림을 그리면 실제로 튀어나오나봐!"

넷째 아들은 이렇게 말하고는, 동생들을 위해 맛있는 과자를 더 많이 그려주었어요. 그 사이 여섯째 딸은 홍부에게 이 사실을 알려주었답니다.

"아버지, 저 붓은 사실 요술 붓인가 봐요. 넷째 오빠가 그린 과자들이 실제로 튀어나왔어요!"

홍부와 홍부 아내는 기뻤어요.

"이제 우리도 배부르게 먹고 따뜻하게 잘 수 있단 말인가!"

"그럼 먼저 식사를 하자꾸나! 넷째야, 맛있는 고기반찬과 밥 좀 그려다오."

그림 솜씨가 좋은 넷째가 맛있는 만찬을 그리고, 홍부네 가족은 오랜만에 배부르게 밥을 먹을 수 있었어요.

곧이어, 홍부의 아들딸들은 자신들이 원하는 것을 말하기 시작했답니다.

첫째는 식구들이 옹기종기 앉을 수 있는 집을,

둘째는 각자의 옷을, 셋째는 공부 할 수 있는 책을,

셋째는…….

넷째는…….

열 번째까지.

이렇게 하여 홍부네는 순식간에 집이 생기고 옷이 생겼어요.

심술궂은 놀부가 이를 듣고 가만히 있을 리가 없죠. 동생이 집이 생겼다는 소식에 놀부는 냉큼 뛰어와 그의 집 문

을 두드렸어요.

"흥부야! 네가 어째서 집이 생긴 게냐? 이 옷은 다 뭐냐?"

"아, 형님. 제비가 물어다준 박을 탔는데 박에서 붓이 나왔지 말입니다! 이 붓으로 원하는 걸 그리면 실제로 펑 하고 나오더라고요, 허허."

흥부는 그의 심술궂은 형한테 사실대로 말했어요. 그러자 놀부는 냉큼 그 붓을 뺏어갔답니다. 자신의 재물을 더 늘리기 위해서 말이죠.

집에 돌아온 놀부는 금은보화를 그리고, 그리고 또 그렸어요.

"호호호, 조금만 더 그리면 내가 이 동네에서 제일가는 부자가 되겠는걸."

하지만, 요술 붓에는 아무도 모르는 비밀이 하나 있었어요. 욕심이 지나치면, 붓은 오히려 그린 것의 두 배가 되는 양을 없애버렸답니다. 어느 순간, 놀부의 재산은 오히려 점점 줄어들고 있었어요.

어느새 창고에 절반이나 사라진 금은보화를 보고 놀란 놀부의 아내가 놀부를 말렸어요.

"여보, 여보. 그만해요! 당신이 그린 것 보다 더한 양의 보석이 없어지고 있어요! 빨리 이 망측한 것을 흥부에게 돌려줘요."

놀부는 아내의 말을 듣고 붓을 돌려주려 흥부네 집으로 향했답니다.

"흥부야, 붓 잘 썼다. 이건 다시 돌려주는 게 맞는 것 같구나, 허허." 놀부가 말했어요.

"벌써 다 쓰셨습니까? 형님 더 필요하시면 더 쓰셔도 됩니다. 다 같이 잘 살아야죠."

착한 흥부는 형에게 붓을 더 빌려주려고 했지만, 붓의 비밀을 알게 된 놀부는 기겁했어요.

"아니…아니다. 난 다 썼다. 너나 더 많이 써라!" 놀란 놀부는 흥부가 더 권하기 전에 부리나케 집으로 돌아갔어요. 마음씨 착한 흥부는 아무것도 모르고 다시 붓을 받아들었어요.

"형님이 벌써 붓을 돌려주셨네. 얘들아, 오늘 저녁은 뭘 먹을까?"

"당연히 고기반찬이죠!"

또 맛있는 고기를 먹을 생각에 신이 난 아이들이 소리쳤어요.

"아버지, 저희도 이렇게 된 거, 놀부 삼촌네처럼 잘 살아봐요. 집도 기와집으로 바꾸고, 또, 옷도 비단옷으로 바꾸고요!"

첫째 아들이 말했어요.

모든 식구들은 그러자고 했어요. 모두들 부자가 될 생각에 신이 났답니다. 신이 나기는 흥부도 마찬가지였어요.

"그래그래, 알았다. 오늘은 늦었으니, 일단 푹 자렴. 내일 그러자꾸나."

그날 밤, 내일 일어날 일을 생각하니 너무 신이 난 흥부는 꿈속에서도 그림을 그렸어요. 하지만 그 꿈에서는 흥부가 더 많은 것을 그릴수록 그림으로 무언가를 얻기는커녕 더 많은 것을 잃었지요.

'이런, 내가 아주 중요한 무언가를 잊고 있었군.'

아침밥을 먹고 난 후, 흥부는 식구들을 불러 모아 꿈 이야기를 시작했어요.

꿈 이야기를 들은 식구들은 술렁였어요. 그러자, 흥부는 곧 다른 이야기를 시작했어요.

"두 강아지 앞에는 뼈다귀가 있었어. 하나는 다른 개보다 탐욕스러웠지. 그들은 뼈다귀를 두고 싸움을 시작했어. 당연히, 욕심 많은 개가 뼈다귀를 얻었지. 싸움에서 이긴 그 개는 가벼운 발걸음으로 집을 향했단다. 그런데 가는 길에 강이 있었지 뭐야! 다리에서 아래를 내려다보니, 강에는 뼈다귀를 문 다른 강아지가 있었어. 그 개는 전에 싸움을 이겼다는 자신감으로, 물에 보이는 뼈다귀를 또 뺏기 위해 입을 열었단다. 그 순간, 욕심 많은 개는 자신이 물고 있던 뼈다귀마저 강물에 빠뜨리고 말았어."

"과유불급을 말씀하시는 거군요!"

첫째 아들이 깨달은 듯이 외쳤어요.

"그래, 내가 하고 싶은 말이 그것이란다. 지금 가진 것만 하더라도 우리 가족에겐 충분해. 우리는 탐욕스러운 개처럼 욕심을 부릴 필요가 없어."

흥부가 웃으며 말했어요.

"그래요, 아버지. 우리 식구는 지금 행복하니까요. 매 순간이 감사하니까요!"

모든 식구가 웃으며 대답했어요. 이렇게 흥부네는 욕심을 부리지 않고 행복하게 잘 살았답니다.

복자여자고등학교 영어동화책
제작 동아리 Fairy In Tales

＊ 연경화
나는 흔한 것이 싫어. 그래서 나는 내 이름이 좋아. 흔하지 않기 때문이지.
나는 매우 외향적인 사람으로 친구들로부터 비정상이라는 소리를 듣는데, 아주
마음에 들어!

＊ 조윤주
먹고 자고 노는 것을 좋아하는 복자여자고등학교 학생입니다.
한번쯤은 하루 종일 빈둥거리면서 이불 속에만 있고 싶어요!

＊ 이신애
디자이너를 꿈꾸고 있는 복자여자고등학교 1학년 학생입니다!
음악 듣기를 좋아하고, 꿈을 위해 그림을 열심히 그리고 있어요.

＊ 이지은
영어 실력을 높이고 싶은 복자 학생입니다!
그림 그리는 것과 글 쓰는 것, 그리고 사람들의 이야기를 들어주는 걸 좋아해요.

＊ 정승민
어렸을 때 잠시 필리핀에서 살면서 책 한권이 없어 글을 못 읽는 아이들을 많이
봤다. 이런 아이들에게 해줄 수 있는 게 없어 항상 미안하기만 했던 나에게 동화책
을 제작해 기부할 수 있는 기회가 생겨 이 책을 제작하게 됐고 이 책을 만드는 시
간들은 정말 뜻 깊은 시간들을 보냈다.

＊ 김민정
안녕 :-) 난 그림 그리는 걸 좋아하고 디자이너가 꿈이야. 동화책 일러스트를 그
리게 돼서 정말 좋았어!

＊ 박혜인
나는 옷들을 정말, 정말 좋아해. 그래서 내 꿈은 패션디자이너야. 그러다보니 동
화를 그리면서 나도 모르게 옷에 신경을 많이 쓰게 되었어. 내 아기자기한 옷들에
관심을 가지고 읽어주길 바라~!

✱ 정효리

이야기하는 것도 놀러 다니는 것도 정말 좋아하는 낭랑 17세입니다. 이 책을 읽는 모든 아이들이 언니들의 이야기를 듣고 행복했으면 좋겠어요. 많은 도움 주신 복자여고 사랑합니다.♡

✱ 최의진

글과 그림으로 마음을 표현하는 것을 좋아해요. 언젠가 좋아하는 것들의 이야기가 가득 담긴 책을 만들고 싶어요!

✱ 이수인

저는 무언가를 새롭게 만들고 제 생각을 자유롭게 풀어내는 것을 좋아해요. 어렸을 때 부모님이 들려주시던 동화책을, 이젠 제가 성장하여 어린아이에게 들려준다는 것 또한 제 생각을 자유롭게 풀어볼 수 있는 계기가 될 것 같아 참여하게 되었어요. 언젠가 이 책을 읽은 친구들이 저처럼 자신의 생각을 이어서 풀어나가는 모습을 볼 수 있으면 좋겠어요.

✱ 홍수민

나는 지난 2016년 1월에 필리핀에 봉사활동을 다녀왔어. 그곳에서 처음으로 진정한 사랑과 믿음, 공존 같은 걸 배웠었지. 필리핀에 다녀온 경험은 내 인생에서 가장 행복하고 의미 있는 일이야. 면형 커뮤니티와 수녀님, 퀘존시티의 아이들 모두 MAHAL KITA!

✱ 신동은

모든 책에는 작가들이 전하고 싶은 메시지가 담겨있다고 해요. 앞으로 여러분이 제 책 뿐만 아니라 다른 책을 읽으면서도 책에 담겨 있는 메시지를 생각하면서 읽었으면 좋겠어요.

✱ 송해진

나는 힘든 세상 속에서 항상 밝은 웃음과 희망을 놓지 않는 미소천사야~ 혹시 지금 무슨 고민이 있니? 그렇다면 슬픔에 빠져 있는 그대의 마음을 사르르 녹여줄 이 책과 함께 동화나라로 떠나보는 건 어때~?

✱ 유예린

너희들은 무얼 할 때가 제일 재밌니? 나는 그림 그릴 때가 가장 재밌어! 내가 좋아하는 일을 할 수 있다는 건 정말 기쁜 일인 것 같아. 내가 열심히 그린 그림들이 너희 마음에도 들었으면 좋겠다.

✱ 윤혜연

안녕? 나는 거꾸로 생각하기를 좋아하는 18살 키다리 언니야. 나는 다른 사람들과는 조금 다른 방식으로 생각해보는 것을 즐긴단다. 너희도 이 책을 읽고 당연하게 생각했던 이야기를 비틀어서 생각해보는 게 어때? 재미있는 상상의 나라가 펼쳐질 거야!

※ 홍예린

나는 동물을 정말 정말 좋아해. 내 꿈은 여러 나라의 동물들을 보러 다니는 거란다! 내가 쓴 '동물친구들의 오색빛깔 숲' 을 읽고 흉내 내기 놀이를 해보자! 분명 좋아하게 될 거야.

※ 박현주

이 책은 만들기를 좋아하는 내가 처음으로 만들어본 '진짜 책' 이라서 너무 뿌듯해.
내가 선생님이 돼서 아이들에게 이 책을 읽어주는 날이 빨리 왔으면 좋겠어!!

※ 윤하은

"독서할 때 당신은 항상 가장 좋은 친구와 함께 있다." 내가 좋아하는 명언이야.
이 책도 너에게 좋은 친구가 되었으면 좋겠다.

※ 김다은

안녕~? 난 동화 속에서만큼은 Buzz 보컬 민경훈 여자 친구인 다은이야~! 나와 같이 동화 속에서 꿈을 이루자! 언니 손잡고 동화 속으로 렛츠 고~!

※ 남윤주

가끔 스트레스를 받으면 초콜릿 케이크를 먹는데, 이 책을 읽을 친구들에게 동화가 저의 초콜릿 케이크 같은 책이면 좋겠네요.

※ 오채령

무언가 만드는 일이라면 뭐든지 좋아하는 18살 소녀. 늘 자신만의 세계에 빠져 산다.

※ 이소연

항상 밝은 모습으로 모두를 이끄는 열혈 기장!
어떤 시련에도 굴하지 않는 현대판 빨간 머리 앤
"기적 같은 동화의 완성. 이제 아이들의 꿈이 싹틀 일만 남은건가…★"

※ 이영서

글만큼은 누구에게도 뒤지지 않아! 아이들의 사고력을 키워줄 리틀 동화쟁이, 글 앞에선 누구보다 냉정한 포커페이스. 하지만 실상은 '지성쌤의 열.혈.팬' 이라는데…

Big Sister's Sloppy Fairy Tale Stories

Big Sister's Sloppy Fairy Tale Stories

Writer | So Yeon Lee, Co-Written with 29 Bokja students
Publisher | Shin joong hyeon

First Edition | December 25, 2016

Published by | Book Publishing hakyisa
제25100-2005-28호
22-1, Munhwahoegwan 11an-gil, Dalse-gu, Daegu
TEL_(053) 554-3431, 3432   FAX_(053) 554-3433
Home page_http://www.학이사.kr
e-mail_hes3431@naver.com

ISBN_979-11-5854-062-3   43740

Big Sister's Sloppy Fairy Tale Stories

So Yeon Lee, Co-Written with 29 Bokja students

學而思 | 학이사

Giving Children Hope and a Chance to Dream

Our club has lots of students. We all have different dreams, future careers, and even the department we are now in. However, with the only passion to give the dream and hope to Myunhyung community of Quezon City, Philippines, students with their individual interests and talents have gathered and created the club.

The club has just started this year. Therefore, we lacked every resource, such as time or experience. We also had troubles in making a book. We were unfamiliar with anything essential in writing a fairy tale, and drawing pictures for it was much harder than we thought. It took far more effort on translating a story into English, which is not a mother tongue. Perhaps these hardships were necessary for us as we are young amateur students, not mature professional author. Nonetheless, we could parody the existing fairy tale with our fresh and whimsical ideas, which was possible as we are amateur and young. When one person writes a story, the others would add more ideas and draw pictures. With all of these cooperating progress, we could happily make this book.

Finally, we would like to thank lots of people who have helped us on publishing it, including our club teacher Jisung Park, Chungchungnamdo education office, our publisher, and author Mihui Kim. Now, shall we move on to the World of fairy tales?

December, 2016
Fairy In Tales Bokja Girls' Highschool
English Fairytale Club

Contents

Little Mermaid, Going back to the Ocean

WRITTEN BY So Yeon Lee
ILLUSTRATED BY So Yeon Lee
TRANSLATED BY So Yeon Lee, Cheryoung Oh, Yeong Seo Lee

Once upon a time, there was a little mermaid princess who had the most beautiful voice in the deep, deep sea.

The mermaid loved the prince living in the world above the sea.

Then one day, the prince was having a party on the luxurious ship.

Suddenly there was a big wave and a storm, so the ship was wrecked!

As soon as the prince fell in the sea, the little mermaid swam quickly to him.

Then she hugged him and climbed over to the shore.

The little mermaid put the prince on the ground and sang a song for the prince until he woke up.

Not long after, the sky was clear as if it had always been, and the

sea became calm.

At that time, a princess from a neighboring country walked along the beach.

When seeing the prince and the mermaid, the princess yelled at them.

"Such a limp-faced monster! What are you doing to the prince!"

The mermaid was so surprised but calmly told the neighboring princess about the situation.

"I am a mermaid princess. I just saved him from a severe storm and brought him here."

But the princess did not believe it, and she kept yelling at the mermaid to stay away from the prince.

The prince opened his eyes at the loud voice of the two princesses.

"Um··· Who are you? Did you save me ?"

"No, Prince, it's just me who saved you! That monster was trying to injure you!"

The neighboring princess lied to the prince.

After the little mermaid heard this, she was so angry but she spoke to the prince in a soft voice.

"Prince, no. it's me who saved you, I held you on the big wave and brought you back to the shore."

The prince had no idea of whom to believe.

So he took both princesses to the castle. It was to listen to the queen's thoughts.

"Mother, one of these princesses saved me from the storm. I want to reveal the truth and welcome her as my wife."

After the queen heard his words, she looked at the two princesses throughly.

"What is that weird creature with no legs? That surely cannot swim well. Everybody knows that the neighboring princess saved you. So get rid of that monster and prepare for the wedding with the neighboring country's princess."

The queen did not listen to the little mermaid and drove her out.

The mermaid felt absurd, but it was like getting blood from a stone to go back to the castle on the land since it was hard for her to move by herself.

In the end, the mermaid was sad and forced to return to the sea.

A few days later, the wedding of the prince and the neighboring princess was held on the ship.

There were many servants, nobles, kings and queens, including the prince and the neighboring princess.

Everyone enjoyed dancing and partied through the night.

The little mermaid, who watched it from behind, was very sad at the thought of that she would never see the prince again.

So the mermaid started singing with her heart, broken by the sadness.

The beautiful voice of the mermaid spread far and far to the people on the ship.

Everyone on the ship stopped dancing and was stunned by the beautiful voice that came from somewhere.

"Whose voice is it? It's so fantastic!"

"Wow, it's a really beautiful voice. She must be as pretty as her voice, too."

When the prince heard this song, he suddenly shouted to people as if he had thought of something.

"Oh, this is the voice! It was the voice I heard when I sank into the ocean. She must be the one who had saved me."

The queen who heard the prince's words tried to look for the one with this voice with the escort unit.

The escort troops followed the voice, and found the mermaid. Then they forced her into the ship.

"Oh my, you are the monster! You must not be the owner of that beautiful voice!"

The queen and the neighboring princess who saw her shouted in amaze.

When the mermaid heard that, she was so upset.

So she started singing on the spot.

The mermaid's voice was the same voice which people heard from the ship.

When the mermaid's song ended, the prince said,

"Mother, that voice is right. She is the one who had saved me."

The queen couldn't say anymore.

The king who watched this situation noticed that the queen had not listened to the mermaid at the first place. So the King said,

"Little mermaid, it is the queen's mistake that she didn't listen your words. I understood that the Queen had made a mistake of not trying to listen to you. I apologize for the mistake. Please, can't you forgive her?"

The mermaid listened and said,

"No Your Majesty, I can't. Not only the queen and the neighboring princess but also all the people here looking at me like a monster. I can't live here. I'll go back to the ocean."

The prince tried to stop her but the mermaid returned to the sea without looking back. It is said that she never showed up to the people again.

Who Is the Most Beautiful Person?

WRITTEN BY Cheryoung Oh
ILLUSTRATED BY Hyeon Ju Park, Cheryoung Oh, Hye Yeon Yoon
TRANSLATED BY Cheryoung Oh, Yeong Seo Lee

Who Is The Most Beautiful Person?

Everyone says it is Snow White. No matter who you ask, the answer will always be the same.

The Queen's talking magic mirror said the same, too. When she asked the mirror, the mirror would always answer,

"It's Snow White."

Everyone loved Snow White. The Prince loved her. Even animals loved her. Everyone loved her except for one person, the Queen.

The Queen did a lot of things to be the most beautiful person in the world.

She threw a party and bought a dress. She stood in front of the mirror, wearing the fanciest dress in the world.

"Mirror, mirror, who is the most beautiful person in the world?"

"It' s Snow White, Your Majesty."

The mirror answered without hesitation.

The Queen was angry at her mirror' s honest answer.

"The dress cannot make me beautiful!"

The next way for her to make herself beautiful was to put a make-up.

"Mirror, mirror, who is the most beautiful person in the world?"

"It' s Snow White, Your Majesty."

The Queen' s lips quivered.

"Snow White is still more beautiful than me even if I put on a make-up?"

The Queen searched through every jewelry shop and gathered every beautiful jewelry and accessories in the world.

"Mirror, mirror, now I am the most beautiful in the world, right?"

"Still, Snow White is the most beautiful, Your Majesty."

The Queen shouted in anger.

"Why can' t I be more beautiful than Snow White!"

"Bring Snow White right now!"

The Queen decided to make Snow White ugly. She would be the most beautiful person in the world if Snow White become ugly.

The servants brought Snow White.

"Take this. You shall eat this apple!"

The Queen handed the most beautiful but strongly poisonous apple. This apple looked beautiful, but it was the apple that makes a person ugly even with one bite. The Queen wanted to see the pretty princess become ugly by eating the pretty apple.

Nonetheless, Snow White didn' t eat the apple. Snow White already knew about the apple by reading a book.

"No, I won' t eat the apple. Why do you want me to be ugly?"

"Because you are guilty by being more beautiful than me. So you need to be uglier than me! Give the apple to Snow White right now!"

The servants tried to put the apple into her mouth. But suddenly, Snow white yelled.

"Your Majesty, then you need to eat the apple, too. You too are guilty!"

"What are you talking about? Everyone in the world says you're the prettiest. Why do you say I'm guilty?"

The queen was stunned.

"Your Majesty, you have the most beautiful voice in the world. What is it if it's not guilty?"

Snow White shouted.

"Your Majesty, you have the most beautiful voice. You may ask your mirror."

The Queen was surprised. She never got a compliment about her voice before.

The Queen asked her mirror.

"Mirror, mirror, who has the most beautiful voice in the world?"

"Your Majesty, you have the most beautiful voice in the world."

The mirror answered.

Snow White said,

"Look, your majesty, I got it right. Your Majesty, I want to hear you sing with your most beautiful voice in the world. Please sing for us."

The Queen cleared her voice and started to sing.

Everyone loved her beautiful voice. Snow White started to move her body. She danced. The servants could do nothing but watch the scene. The scene of the Queen singing with the most beautiful voice in the world and Snow White dancing with the most beautiful looks was so heavenly that it was impossible to explain.

"What a wonderful concert!"

People exclaimed.

"It was the best concert I' ve ever seen."

One servant suggested,

"Your Majesty, why don' t you work with Snow White, as a team?"

The Queen was happy again. She highly nodded, and so did Snow
White.

Now, the Queen and Snow White have concerts monthly.

A lot of people come to the castle to watch their concert.

Everyone in the country is their fan.

There, the Queen is hugging her fans!

The Queen is no longer mean again. She is loved by everyone now.

"Mirror, mirror, who is the happiest person?"

"Your majesty, you singing happily are the happiest person!"

Rescue Operation for Mom

WRITTEN BY Yeong Seo Lee
ILLUSTRATED BY Hyeon Ju Park, Sin Ae Lee
TRANSLATED BY Yeong Seo Lee, Cheryoung Oh

Once, there lived a wise green frog mother and a son green frog in a village.

The Mom Frog always behaved against what the Son said, so the Son Frog made a trick.

It was to say the opposite. Therefore, there were Mom and Son green frog always doing everything reversely.

"Cut the colored paper into a circle, please", asked the Son.

Then, Mom frog answered "Okay", but she cut it into a triangle which was what the Son frog originally wanted.

"Mommy, it will not be rainy, today."

Son Frog said.

She said "Okay", but went to pick up the Son with an umbrella.

One day, the Son Frog wanted to play a trick on his mother, so asked her to stay home as they were going on a trip next day.

The following day, when the Son Frog came from school, he was excited to find out that there were no one at home.

"I bet, mother must have gone to the park."

The Son Frog felt joy since his mom was not at home as he expected.

But, after 30 minutes, 1 hour, 2 hours··· Time passed, and it was getting dark outside.

Even after midnight, Mom Frog didn't come home.

The Son Frog couldn't stand anymore, went to the park that mom

used to go to, and saw his mother being attacked by a SNAKE. She
yelled, "it is so dangerous, RUN AWAY!"

But, he can' t go because Mom Frog was in a danger due to his joke.

He picked up stones and threw them toward the face of the Snake,
but the Snake didn' t let her go. Being exhausted, Son Frog talked to
the Snake.

"Mr. Snake, let' s make a bet. If you think what I am saying is true, it
is okay for you to prey on my mom and me. But if you think false,
release her without any condition."

The Snake accepted this offer, thinking he can eat two frogs by
insisting stubbornly that it is true.

The Son Frog told the Snake after much consideration.

"You will not eat my mom unconditionally."

The Snake couldn't say anything, so he released the Mom and Son Frog as he promised. If it is false, the Snake has to release her as he promised, and if true, he has to let her go anyway. Having avoided the danger, they eventually could go on a real trip.

World of Flowers

WRITTEN BY Yun ju Cho, Ui Jin Choi
ILLUSTRATED BY Ui Jin Choi, Yun ju Cho
TRANSLATED BY Yun ju Cho, Ui Jin Choi, Da Eun Kim , Yoon Joo Nam

There was a village full of bright colors.

The people living there were afraid of black and dark because they were accustomed to bright colors. They were those who did not know the beauty of the black night. Thumbelina 'Lo' , born there, was not welcomed by the people in the village because of her black hair and eyes.

Everyone hated 'Lo' who had the beauty of black.

"A black monster! You are even so small like a thumb! A monster like you should not live in our village!"

As she grew beautifully, the villagers hated her more and more. Black was just an ugly and hateful color to them. The villagers thought that her 'blackness' will damage the their beauty . So, they

ultimately decided to remove her. Her mother came to know this, giving her a small suitcase, and said,

"Lo, I hope you live in a place where you are recognized for your beauty. You are a pretty child. You know that?"

"Yes, Mom."

"Well, go to the country of flowers before others hurt you, move!"

Lo's mother had left Lo because she loved her so much. So small Thumbelina, Lo started a journey to the country of flowers.

Walking away from the village, she met the black mice in the Moon Forest.

The black mice that had fallen in love with Lo's black hair captured her.

"Let me go!"

Lo said, but the black rats were not heeded. She, locked in a dark tunnel, sniffled.

"I have to go to the country of flowers."

She shouted until her throat hurt. It was then.

"Don't cry."

When Lo was crying, she heard a small voice. When she turned her head around, there was a rat, snow-white like a moonlight, sitting on the side.

"Oh, you are so pretty! You are like a moon floating in the sky!"

"Really? But my color is white. Everyone hates white."

A white rat, Muni was ostracizing by black rats because of her white furs. So she was crying, hiding in a corner. Muni's heart was beating rapidly because she was praised for the first time in her life by Lo.

"Is there anything I can do for you?"

Muni asked Lo.

"Can you help me to escape from this place?" Lo said.

"Of course!" Muni answered.

"To escape from here, we must pass the moonlight hill. You must hide in my arms when going out, as you might be found quickly because of your black hair. I am white, so we won't be noticed."

Lo cuddled Muni as her words, and Muni started running. Lo and Muni crossed the moonlight garden and ran across the forest where the light fell. Time passed, and they were not able to see the cave of the black rats.

"Where should we go?"

Muni suddenly stopped.

The forest where the moonlight disappeared was too dark. A small light was seen in front of Lo and Muni.

"Who are you?"

"I am Bandi."

"Why are you crying alone?"

"I put my friends in danger. I'm so lonely."

"Put your friends in danger? What does that mean?"

"When the scary hunters saw my glittering light, they could find my friends easily. So my friends could not hang around with me."

"Then, would you like to go with us? Please tell us the way!"

"Really? Is it okay for you?"

"Of course! We are not afraid of the hunters!"

They walked along Bandi's light for a long time. As they looked at the sky while walking, the dawn begins to lighten the sky.

The entrance of the kingdom of flowers started to appear from a distance. But there was a big problem.

They had to go through the valley to get to the entrance of the country of flowers, but the valley was too deep that they could not pass it on foot. Lo and her friends had asked for help from the swallows villages nearby, but the swallows were not interested in

going to the country of flowers. They were only interested in flying beyond the peak mountain. When Lo and her friends sighed, a small swallow, Tutu came up. Tutu was scolded every day because he was afraid of flying high.

"Do you want to go to the country of flowers?"

"Can you take us there?"

"Sure. I can not fly high, but I can make it cross the valley."

"Wow! Really? Thanks!"

"I am so glad that I can help you!"

The swallow got courage and took off with Lo and her friends. A breeze welcomed Lo and her friends. As they fluttered with the blowing wind, the entrance of the flowers country was getting closer and closer. The scent of flowers blew from the other side of the valley.

"We finally arrived!"

Lo and her friends stepped into the country of flowers.

The country of flowers, it was a bloomy field where white, red, black, and other different colors of beautiful flowers were in full blossom.

Little Red Riding Hood, the Wolf and a Pie

WRITTEN BY Jieun Lee, Sin Ae Lee
ILLUSTRATED BY Jieun Lee, Sin Ae Lee
TRANSLATED BY Jieun Lee, Sin Ae Lee, Da Eun Kim , Yoon Joo Nam

Once upon a time, there was a hungry wolf. As the wolf was always hungry, he ate everything he could eat. Sometimes he stole, and sometimes he took them up.

There was also the Little Red Riding hood in the village. The girl was called Little Red Riding hood because of the red riding hood made by her grandma.

One day, the wolf was walking around as he was hungry. Soon, the wolf arrived near the house of Little Red Riding hood and tried to find something to eat. Suddenly, he heard the voice of Little Red Riding hood and her mother.

Her mother said to the Little Red Riding hood,

"Little girl, your grandma is baking pies and is expecting your visit. Hurry up! Go straight without going to another place!"

Little Red Riding hood left her home. And the wolf was in deep thoughts.

"It will be better if I eat her grandma who is bigger than the Little Red Riding hood. I have to go to her grandma's house before she arrives!"

The wolf followed her carefully.

Little Red Riding hood was walking excitedly, but suddenly the wolf came out of a tree.

"Little girl, where are you going?"

"My grandma is baking pies for me! So I am going to her."

The wolf used his wits.

"If you bring some flowers, your grandma will be happy!"

The wolf said to the Little Red Riding hood.

"Oh, I think so too! Thank you!"

Little Red Riding hood forgot her mother's words and ran to the field to bring some flowers.

The wolf arrived at her grandma's house while the Little Red Riding hood went to bring some flowers. And he kept his voice calm.

"Knock, knock! Grandma! It's me!"

He made his voice like Little Red Riding hood's.

"Oh, it's you, my dear girl! Come in."

Grandma put a ladle in her pocket which she used to bake and opened a door.

As soon as the door opened, the wolf opened his mouth toward grandma.

Grandma was so surprised and stepped back.

Then, grandma smelled something.

Oh! It was the smell of the pie burning!

Grandma used a ladle in her pocket to hit the wolf's head.

And the wolf was very angry because of that.

The wolf followed and shouted at her.

"I am very hungry, so I will eat you now!"

And the wolf opened his mouth again.

Grandma said the wolf calmly.

"Wolf, it is bad to eat a human because of your hunger!"

"I am very hungry now! What should I eat instead of a human?"

The wolf said to grandma that it is not unfair.

"Then how about making the pies with me? Then you can eat the pies every time you want!"

The wolf thought it is a good idea. Although he was hungry now, he can make and eat pies whenever he gets hungry if he know a way to bake it.

The wolf started to bake the pies with grandma. And its smell spread around her house.

"Grandma! It' s me!"

Soon, Little Red Riding hood arrived at her grandma' s house with a lot of flowers.

"Welcome!"

Grandma welcomed her with a smile.

"Oh! The pies smell good!"

Little Red Riding hood smelled the pies and ran to the kitchen.

"Grandma! There is a wolf in the house!"

But there was a wolf in the kitchen! Little Red Riding hood was surprised and threatened.

"It' s okay, little girl! He baked this pie with me!"

Grandma said warmly.

The wolf showed her the pies coming out from the oven.

Little Red Riding hood sat on a chair carefully. And she ate a piece of pie anxiously.

"So delicious!"

The pie was very well made. Little Red Riding hood ate more quickly.

The wolf felt proud of himself and ate the pies together. Grandma saw the scene, smiling.

Later, the wolf came back home after sending off the Little Red Riding hood, leaving her grandma behind. And he practiced making the pies from that day on.

Finally, the wolf was able to make the pies very well and shared some pies with the others. And also he opened a pie store with his name held.

I Like Lies!

WRITTEN BY Sue in Lee
ILLUSTRATED BY Sue in Lee, Ui Jin Choi
TRANSLATED BY Sue in Lee, Dongeun Shin

There was a boy named 'Joon' whose nickname was 'Shepherd-boy' in a village. Everyday when he finished his homework he felt bored and wanted some excitement in his life. At that moment, he found a matchstick in his pocket, and had a trick! To have some fun, he opened the window and shouted,

"Help! Help! There is a fire on my house! Please help me!"

The villagers heard his voice and came to his house very quickly. But when they arrived at the boy's house, they couldn't see the fire anywhere other than smoke.

After Joon watched that moment, he began to laugh at the villagers and said,

"Ha Ha Ha Ha Ha! It's just a joke! Why are you so serious?"

The villagers got angry and scolded him for raising a false alarm.

"What a stupid boy! How dare you say such joke?"

Just then an old villager raised his voice,

"But I think a little bit different from you guys. Through his lies, we came to look for where we set a fire extinguisher, water pails and some of the equipment that can put out a fire. Isn't it true? What if it were a real fire?"

Then some of the villagers nodded their heads.

The following day,

there was a loud and urgent voice from the boy's house again.

"Help! Help! There's fire! Help!"

At first, no one came. But when he pretended to cry, the villagers thought he was in a real danger and they rushed to help him.

But it was a lie again.

"Ha, Ha, Ha, Ha, Ha! How could you be fooled by the same joke twice? How foolish of you!" Joon said in a laughing voice.

Villagers felt bad and blamed him,

"If you lie once more we will not hold our angers back! Do you understand? Never lie! N.E.V.E.R!"

But at the same time the old villager appeared quietly once again and said,

"I think he prepared us for the fire drill once more. This time, we have a chance to find out what is the best way to avoid fire. Think just a little bit differently!"

Then one day while everybody was sleeping, Joon, playing with a

matchstick, dropped it and it bursted into flame. He shouted,

"Help! Help! There's a real fire! Please put off the fire! It's a real situation!"

Lots of villagers were awoken from sleeping because of Joon's loud voice, but they ignored his request because of his former lies.

However, smoke spread quickly, making it hard to breathe. Only after then, did the villagers realize that it was a real situation. They quickly prepared the equipments and arrived at Joon's house.

So the fire was put off with no damage. Thanks to Joon's two former jokes, the villagers could extinguish the fire easily and early, and everybody remained safe.

Most importantly, Joon learned a lesson. His repeated lies made truth to be ignored, which could get it far worse. Now he knows lying is bad.

Rainbow Forest of Animal Friends

WRITTEN BY Ye Rin Hong
ILLUSTRATED BY Yea Rin Yu
TRANSLATED BY Ye Rin Hong, Cheryoung Oh, Yeong Seo Lee

Once upon a time, in a forest village, there was a squirrel, saying,

"I' m hungry. I cannot find my food, acorns anymore. I have been starving for such a long time."

A woodpecker said,

"I have a beak to peck at the trees. But, what can I do? There are no trees for making new houses."

A deer also said,

"I do not have a right shelter for me because a woodcutter cut all the trees in the forest. We cannot suffer from the woodcutter anymore. Let' s pray to mountain God to punish the woodcutter."

"Okay, let' s do it."

All the animal friends held a worshipping ceremony to the sky.

"Please punish the woodcutter for cutting down all the trees."

Then they heard a voice from somewhere.

"Call him to the pond."

The deer represented the other animals and went to the woodcutter.

And deer told a lie that she was chased by a hunter.

Her hidden intention was to lure the woodcutter to the pond.

"Help me. I think a hunter is chasing after me!"

"Who are you? I'm busy cutting trees."

"What a bad woodcutter!"

The angry deer hit the woodcutter's axe. And, the axe fell into the pond.

'Sploosh!'

"Hey, what are you doing?"

Suddenly, a smoke rose and something appeared.

"Are you a mountain God?"

"Haha, right. I'm the God of the pond. Woodcutter, is this your axe?" asks the God holding a rainbow axe to the woodcutter.

"Yes, it is mine." said the woodcutter. Actually, the real woodcutter's axe is old and fragile and

it was made of iron.

"Then, take this." The God of pond said.

The woodcutter got excited. He went to the mountain and started to cut the other trees that he has not cut down yet.

"Wow hurray! I'll cut all the trees and get them. This axe may cut well."

But, when he tried to cut the trees with the rainbow axe, the trees didn't get cut.

Instead, all the trees glowed like a rainbow and every fruit ripened to the fullest.

So, the forest became the rainbow fruit tree forest.

Animals were happy mostly.

"Wow! Exciting! There are lots of food! we do not have to starve anymore."

The woodcutter moved to another village, leaving the rainbow axe with disappointment.

The Animals continuously made rainbow fruit trees with the rainbow axe.

They shared their harvest. You can also taste these fruits! Come and join them.

The Sweetest Grapes in the World

WRITTEN BY Su Min Hong
ILLUSTRATED BY Min jung Kim
TRANSLATED BY Su Min Hong, Ha eun Yoon, Hye Yeon Yoon

Once upon a time there lived a fox in the village of animals. The fox didn't feel good today. Because the fox was late for school. But the fox could not help it. The fox saw a bird being bullied by a frog. The fox could not ignore the poor bird, so the fox chased the bad frog from the bird. And to soothe the crying bird, fox went to the supermarket and bought some earthworm snack. Fox ran to school in hurry. But blimey! It was too late. The fox told the teacher why he was late, but the teacher said he will punish him if he were late for school next time. Instead of praising the fox who did a good job!

'I did not sleep in, I was just helping the bird in danger! I will not help anyone in the future.' The fox thought.

The school was over. The fox was so hungry that he was plodding home. At that moment, the fox found a grapevine. Grapes were very big, beautiful and fragrant. Grapes smelled sweet and honey-like, more fragrant than flowers. So the fox's mouth watered. The fox decided to eat these grapes. Unfortunately, however, grapes on the tree was too difficult to reach. The fox hopped, jumped, and bounced to reach the tree. He tried to poke the tree with the long branches. He even shook the tree. But everything was useless. At last, the fox was exhausted. The fox got all burned up and said, "Anyone can try and

pick the grapes, the grapes are sour anyways. Maybe it is covered up with bugs." But he didn't mean it. To be honest, he thought grapes will surely be delicious. The fox was bitter because of the smell of fragrant grapes. The fox was so furious. And eventually burst into tears. The fox wanted to give up because he thought he would never be able to pick the grapes by himself. Just at that moment, hearing the cry of the fox, flew a bird from the distance. Uh? It was the baby bird that the fox met in the morning.

"Why are you crying? What sad thing has happened? please, do not cry."

"I am so hungry that I want to eat grapes, but I can' t because I am too short to reach."

"Then I' ll help you! I will fly and graze a bunch of grapes."

whoosh! The bird flew up and pecked the most exuberant, large grape with its beak. The fox and the bird shared delicious grapes. As he expected, the grapes were very sweet and delicious. This was the sweetest grapes in the world! Perhaps, the fox and the bird' s good heart worked together to cast the spell on a grape, to become sweet-and-sour, delicious grapes! The fox, feeling good with the delicious grapes, decided to cancel what he had said in the morning. And the tomorrow, and the day after tomorrow, he tried to eat more delicious grapes.

Candy Tree

WRITTEN BY Se in Park
ILLUSTRATED BY Se in Park
TRANSLATED BY Da Eun Kim, Yoon Joo Nam, Seung min Jung, Hyo ri Jung,
kyeonghwa Yeon

Once upon a time there was a witch living in a mountain. The witch was living alone for 100 years without any husband nor child.

The witch loved the children very much. Whenever she heard the laughter of children who were having a picnic with their family, the witch wanted to see the children so much.

The witch was the best baker when it came to cakes. She wanted to make cookies and give them to children as a present. However, because of the hideous face, children were terrified and ran away, so the witch failed to distribute the cookies.

'What should I do to make children come to me?' The witch was in deep thought. Ah! Suddenly the witch had a good idea.

'The children like sweets which I can make well, if I present a

cookie house I made, the children might come to me without fear!'

Then the witch began to bake lots of sweets. She baked cookie bricks, built walls with fresh cream, made chocolate doors, made sugar windows and roll cake roofs. And she planted a sweet candy tree around.

The witch who completed the cookie house waited for the children to come.

One day, when the witch was waiting for the children, Hansel and Gretel came to the witch's cookie house. They were devouring sweets on the cake house. Witch couldn't help but love the children

who were munching down the cookie house.

The witch opened the door and asked children.

"Hello? who are you? Are you lost?"

They answered with surprising.

"Oh, I'm sorry. We were so hungry so we ate it. We are Hansel and Gretel. Stepmother left us in the mountain." they cowered and said.

The witch felt sorry for them.

"No, no you don't need to be sorry. This cookie house is made to eat. There are some more inside. Why don't you come inside and have some more?"

Hansel and Gretel hesitated for a while. but soon they followed the witch inside because they were cold and hungry.

Hansel said. "Thank you, you're kinder than you appear. I thought you will be really scary. You won't prey on me, will you?"

"It is just a story written by a bad writer. Actually, nobody wants to be my friend because of the story. In fact, I was also worried you decide to run away from me. Children don't want to come here as the rumors of the wicked witch scared them away."

Gretel who heard the story said. "Do not worry. The witch will soon become the most popular witch." "Really? Is that true? How? I have not been able to solve it for 100 years."

The witch couldn't believe her ears.

"Just trust us, Grandmother ~~."

Hansel and Gretel confidently said. "Grandmother? Did you just call me a Grandmother? That sounds great. Grandmother. Please call me grandma a lot."

.

.

Time had passed, there were little kids that looked similar to the witch, hanging around the street. It was Halloween Day.

The children are dressed up as ghosts and are going trick-or-treating. Where are they headed to? Of course it's the sweet cookie house of the witch!! "Trick or Treat!"

The witch's cookie house was getting smaller and smaller. Even though the house was broken, the witch was happy. "Ha ha ha." The children liked the witch who weren't disguised, because of her dreadful face. Mom and Dad weren't able to look like the real witch however they disguise. Because the witch was the original.

Because of this, she was able to give her children delicious cookies and became a popular witch.

.

.

On Halloween, witches make a cookie house. The candy tree planted in the yard is still full of candies. In October, there's an ad on the television.

On Halloween, come to the witch's house to pick up some candies. Of course, it is free for children!

White Mouse and Black Mouse

WRITTEN BY Ha eun Yoon
ILLUSTRATED BY Sue in Lee, Sin Ae Lee, Su Min Hong
TRANSLATED BY Ha eun Yoon, Hae Jin Song, Su Min Hong

Long time ago, the mouse group was divided into black mice and white mice, they have lived together in a village of peace against the cat group. While white mice was proud that they were better than black mice in all parts. So, white mice always ignored and looked down on black mice.

"White skin is prettier than black skin."

"Black mice don' t wash their body!"

"Black mice can' t run fast!"

Then One day, one of the cats attacked the mouse group living in the village.

White mice ran away rapidly, Judy who had injured legs couldn't run away.

"Oh, Oh, Oh the cat is coming!! Oh···My··· Go···d!"

Just at that moment a black mouse 'Jake' quickly pulled Judy and hid her in the hole.

"Oh, who are you?"

"I'm black mouse 'Jake'."

"Don't touch me!"

Judy was unpleasant with his black hand grabbing her arm.

Jake was absurd.

"Huh, is that how you say 'thank you' to the person who just saved you?"

Jake sneered and sat down. They did not say a word.

The narrow burrows are stuffy but cats did not give up and waited until Judy and Jake appeared.

"If I hadn't had a leg injury I might have been able to escape myself."

Judy still got on her high horse.

"Of course you would."

Jake just ignored Judy and started treating her injured leg. There was everything in Jake's narrow cave.

Even though Judy was a little thankful to Jake in her heart, she did not say thank you.

"Ah⋯ I'm hungry."

Judy was hungry.

Jake gave food to judy from his black pocket.

"Wow, this is my favorite food 'millet'."

"Really? I like it, too."

They talked about their favorite things all night long.

The song Jake liked was Judy's

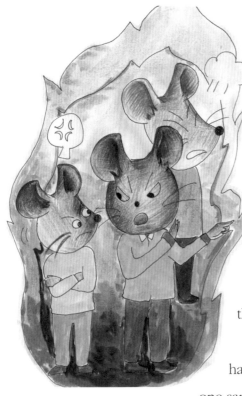

favorite, too. Hide and seek was Judy's favorite game and Jake liked it, too.

While living with Jake, Judy realized that all white mice misunderstood fekkow black mice.

Cats were back and an adult mouse saved Jake and Judy.

But white mouse was very surprised of the fact that Jake was with Judy.

Judy spoke with the black mouse in front of the crowd.

"Don't be surprised. Without Jake, I might have died. They have different skin but we are one same mouse."

If the black mice and white mice put the force together, we will be able to win the cat group and live together peacefully.

The king Has Magical Ears!

WRITTEN BY Hae Jin Song
ILLUSTRATED BY Yea Rin Yu
TRANSLATED BY Hae Jin Song, Ha eun Yoon, Hye Yeon Yoon

Once upon a time there was a king who had very big ears in a kingdom.

They looked like donkey ears.

"Oh no. What are these? Gosh. What can I do to fix my ears!"

The king was so sad and ashamed when he looked at his big ears in a mirror.

He had been worried for a long time, eventually, he lived with wearing a hood on his head, covering his big ears.

So the saint, the queen, and the lady don't know about his ears.

But it was so uncomfortable with the hood every day.

"I can't wear a hood forever. Bring me a doctor who has outstanding skills."

He opened up to the doctor about his big ears.

"Hey doctor, are there any methods to fix my big ears?"

But the doctor did not offer a good idea.

The king never gave up and drank a magical potion that would cure any disease, but it didn' t work.

He tried to make a big crown that could hide his big ears.

But one day, he went outside to hunt riding a horse. The crown was nearly taken off!

He blamed the sky that gave him big ears.

But one day he was in big trouble, the king heard rumors about an old man who could solve all problems in the world. So the king went looking for this old man.

"Old man, I have very big ears. Can you fix these?"

Then the old man said,

"I will deal with your troubles, so give me a thousand."

The king unavoidably paid some money. And then the old man gave him a strange potion and said,

"If you drink this potion and go to bed, your anxieties will be cleared up."

The king had nothing to lose, So he drank the potion and fell asleep.

The next morning, what happen to him? His ears were still big!

The king was very angry and went back to the old man. In fact, this old man was a notorious liar.

"Are you kidding me? Why are my ears still big although I drank the potion yesterday!"

The king shouted and immediately tried to take him to prison. Then the old man tricked his brain to work. Calmly he said,

"My lord, listen carefully. You have such magical ears that can hear every little voice of all the people. Why do you feel ashamed with such wonderful ears? You will be a great king who will listen to hearts of the people and you will rule your kingdom wisely."

The king was so surprised! Because no one has ever praised his big ears until now. An outstanding doctor, magical potion and even the big crown tried to hide his big ears. He was shocked and returned ploddingly to his palace.

And then he tried to listen to voices of the world with strained ears.

From then, he could hear even the smallest voice of the people.

"Phew. it's going to be another season famine. I don't have any rice to eat tomorrow. What can I do?"

This was a voice of a poor farmer who had to feed his wife and seven young children.

"Oh. no. Hey! If you take this rice, I have to starve. No. No!"

He hear one unfair voice of a man who was deprived of the rice left by a greedy official.

The king could listen to all these voices and realized.

"Ah. the people have trouble living. I'm so ashamed as a king of the country."

Thus, the king became a great leader by listening to all voices of people in the world and making a happy country.

We Are not Lazy!

WRITTEN BY Hye Yeon Yoon
ILLUSTRATED BY Yea Rin Yu, Yun ju Cho
TRANSLATED BY Hye Yeon Yoon, Hae Jin Song, Su Min Hong, Cheryoung Oh

"Yoohoo!"

"How lazy the grasshopper family is! They still play everyday, even though a hundred years have passed!"

The ants laughed at the grasshoppers who did not work like themselves but play outside.

The ants carried soil, bricks, and woods every day. It was because of the rule that has come down for 100 years in the village.

One day, a baby ant asked a mama ant,

"Mama, I want to be a fantastic singer just like those who are on the television. Why do we have to carry woods everyday without thinking?"

A sister ant beside her answered,

"Because it is our rule. You can survive the winter safely if you listen to what your parents say and follow the rule. If you always play like the grasshoppers, you will starve in the end."

Like this ant family, every ant had the same routine every day as their rule, even when they did not want to nor they were bored.

On the other hand, the grasshopper village was quite different to the ant village.

One grasshopper would sing on a big rock, while another grasshopper would draw a picture. Also, the other grasshopper is observing various plants sitting on the grass.

They always had a good day, doing what they want. It was fun for them, so they did it more and more passionately.

One baby grasshopper loved the plants and observed lots of flowers and trees everyday.

"This tree is thicker and taller than any other trees in our village. Umm, how many petals does this flower have? One, two, three, four. Four petals!"

Ants, that were carrying woods, looked at the grasshopper strangely and said,

"Hey, baby grasshopper, what are you doing? You should prepare the woods and bricks before winter."

"Dear ants, I do love observing plants. Do you love what you are doing?"

"Nope. We are not interested in our work, but we must follow the rule that has come down for 100 years in the village to live safely. If you want to pass the winter safely, you better carry woods and bricks with us, rather than playing lazily just like now."

The ants answered the baby grasshopper as they looked down on him. Then they went back and continued carrying woods and bricks.

Then few years had passed. Baby grasshopper, who have observed various plants, became a great scientist and studied the plants. And grasshopper that was practicing singing became a famous singer and appeared on many television programs. Also, the other grasshoppers became artist, teacher, author and did what they really wanted.

The ants were so surprised that the grasshoppers were living well. So, they visited the grasshopper family to ask.

"You guys always played but never worked hard like us. How could you succeed in life?"

"We have done what we were interested in and wanted truly in our heart, rather than doing the same thing routinely which we are not interested in. So, we could do our work more passionately and happily. Of course, we could have lived fine if we worked diligently like you, but we focused on our interests more." the grasshoppers said.

Hearing the grasshoppers, the ants regretted having themselves do the same thing without a care about their interests. The ant village has changed a lot, and now, it has finally become the happiest village that they can do anything they want!

A Magic Brush

WRITTEN BY Dongeun Shin
ILLUSTRATED BY Min jung Kim
TRANSLATED BY Dongeun Shin, Su in Lee

Once upon a time, there was Heungbu who is good hearted and his brother Nolbu who is greedy in a village. Nolbu did not want to share his wealth with his brother. So he kicked him out of the house.

Heungbu, his wife, and 10 children lived in thatched house in godforsaken place.

Then one day, Hungbu found a swallow with a broken leg. Heungbu, a kind hearted man, fixed the swallow's leg.

"Thank you very much, I will give you the seed of gourd. It will give you a good thing if you take care of it very well.

The swallow said and flew away. The seed was placed on his hand before he knew it. So the Hungbu's family planted this seed and doted on it.

It grew up and the roof of the thatched house were heavy with the gourds. Gourds were as big as the full moon. Now it's time to split a gourd into two. Making a grating sound Heungbu and his children split it very hard.

Can you guess what was in the big gourd?

Gold? Rice? A House? No. It was a brush!

"Did the swallow lie? he said there would be a good thing not 'a brush' !" Heungbu got disappointed.

However to his sons', it was such a great present since they would never get the brush or even get to touch it.

"Wow! This thing is called a brush!

But,,, I don't have a paper to draw···

I guess one draw on a wall can do···" the fourth son started to draw yakgwa (Yakgwa is a Korean traditional snack) on the wall. Even though it was just a paint it actually looked similar to the real one.

He thought 'How good will it be if I could eat all this···?' while drawing them.

PUFF!

"Look brother Look!! This is what you have drawn! This brush makes your drawing pop out!"

He started to draw what his siblings wanted to eat.

"Mom~ dad~ I think we got a magic brush" said the young one.

"What? A magic brush? How does it work? Can we now fully eat and sleep in a cozy bed?" Heungbu got very excited.

"Oh then, Let's eat first! Son please draw a steak and a rice with your excellent drawing skill~"

"Sure Dad."

After a stuffed dinner 12 family members started to speak about what they want.

The oldest one wanted a house where all family members can huddle around,

the second one wanted clothes of his own,

the thirds one wanted a book to study

and the fourth one···

like this, all 10 family members said what they want.

Sofew minutes later his family got everything to live. And here comes Nolbu. If Nolbu stays calm after hearing this news it's not Nolbu right?

Hearing the news that his brother got a place to live, he ran to his house and knocked the door.

"Brother how come you have a house? and what's up with this clothes?"

"Oh,, Nolbu,, you know the gourd seed that swallow gave? We have opened it and this magic brush came out! With this you can have what you want!"

Heungbu told the truth to his brother.

"Is that true? then let me borrow it! I have to draw some golds!" like this virtuous Heungbu once again lost the magic brush to his brother.

After Nolbu returned to his house he started to draw gold franticly.

"Hmm···after few more drawing I could be the richest person in this whole entire town!"

However, there was a secret that nobody knew.

The magic brush erases the twice amount of gold of what he have drawn when the greed gets excessive.

"Please! stop Nolbu!" said his wife.

"The amount of gold that you have drawn, keeps disappearing! Just give this disgusting brush back to Heungbu!"

"Heungbu~ thank you for this brush! I think giving back to you is a right thing to do." said Nolbu.

"Are you finished with this brush? If you need more you can use it! It's good to share." Kind hearted Heungbu tried to lend his brush more to his brother, but Nolbu, who knew the secret of the brush, freaked out.

"N···o···no···no··· I thoroughly used it! Just use it for yourself" after saying this Nolbu ran to his house not wanting to see that disgusting magic brush ever. Knowing nothing the brush was in the Heungbu's hand already.

"He came to return this brush! What do you want to eat kids?"

"Are you kidding? Steak with no doubt!" children were shouting, thinking about eating the delicious steak.

"Dad! Since we have a chance to become rich like uncle Nolbu, lets become rich! Change this roof to tiles and change this clothes into silk!" said the first son.

"Sure sure that's a good idea" everyone agreed with him. Everyone was excited about getting rich. It was same for Heungbu.

"But since it's late today. We can draw them tomorrow!" said the father.

That night, Heungbu was so excited about becoming rich he even dreamed about it with the help of magic brush. However, the more he wants to become rich the thing that he got from his drawing started to disappear one by one.

'Oh my… I forgot about the most important thing.'

Next morning after having breakfast, he gathered all 12 family members and told about his dream. Everyone who heard the story were stirred up. Then, the father started another story.

"There was a bone in front of two dogs. One was greedier than the other one. They got into fight over a bone. Obviously the greedy one won and got the bone. Winning the fight he happily went back to his house. On the way home there was a river. Looking down from the bridge there was a another dog with a bone in his mouth. With a confidence that he had won the fight before, he opened his mouth to get the bone shown in the water. That moment the greedy dog lost his bone. From this story the idiom came out."

"You mean 'Too much is as bad as too little' ?" said the first son.

"Yes son, so the point that I want to say is what we have now is enough for our family and we don't need to be greedy like a greedy dog" talking with a smile.

"All right father~ All of our family members are happy and this life is much better than our life before."

Like this Heungbu's family lived happily ever after with the just right amount of what they need.

Bokja Girls' Highschool
English Fairytale Club's Profile

* kyeonghwa Yeon
I hate common things. I love my name, it's not common. I'm an outgoing person. My friends often say "You're crazy!", I like it! I love crazy.

* Yun ju Cho
I am a student who like to eat, sleep, and play.
I want to be alone in bed all day long at once idling!

* Sin Ae Lee
I am a Bokja student who wants to be a designer!
I love listening music and I am trying to do well in drawing every day.

* Jieun Lee
I am a student who wants to improve my English ability! I love drawing, writing and hearing the people's stories.

* Seung min Jung
When I lived in philipines, I had watched many children who were not able to read because they don't have any book. I always felt sorry for them, but chace to help them was given to me. so I made this book, while I made this book I spend really meaningful time.

* Min jung Kim
Hi :-) My dream is becoming designer. I was so happy while drawing illustration of this book!

* Se in Park
I really like the clothes. So my dream is a fashion designer. So I focused more on the characters' clothes during drawing a fairy tale. I hope you read it with interest in my cute clothes~!

✳ Hyo ri Jung

I love talking with people and traveling. I hope all of children are happy by reading sister's stories. Thanks to Bokja ♡

✳ Ui Jin Choi

I like to express my feelings through writing and drawing. Someday I want to make a book full of stories about what I love.

✳ Sue in Lee

I like to make something new and unfold my own ideas freely. I participate in this project because I consider this my meaningful chance to present my ideas by reading kids fairy tales, which, now that I much have grown up, my parents read me as a kid. I hope to see the kids, who read this story, express themselves as freely as I do through my own voice and narratives. ··

✳ Su Min Hong

I went to volunteer work in the Philippines in January, 2016. For the first time I learned about true love, faith, and coexistence. My experience in the Philippines is the happiest and most meaningful thing in my life. Myunhyung communities and Sisters, children of Quezon city, MAHAL KITA!

✳ Dong eun Shin

Every book have a meaning that the author want to deliever to the readers. From now on, while you guys are reading a book, not just my book, try to think about a message that the book want to deliever.

✳ Hae Jin Song

I am a smiling angel who does not lose bright smile and hope always be in a difficult world. What are you worried about now? Then why don't you go to a fairy tale country with this book that will melt your sad heart?

✳ Yea Rin Yu

What do you like to do the most? I like painting the best! I think it is a pleasure to be able to do what I like. I wish you to love my painting.

✳ Hye Yeon Yoon

Hello? I am an 18 years old sister who likes to think upside down. I enjoy trying to think in a slightly different way than others. Why don't you twist the story that you thought for granted after you read this book? A funny imaginary country will unfold!

✱ Ye Rin Hong

I really really love animals. My dream is traveling to see animals from many countries. Let's read 'Rainbow forest of animal friends' written by me and play at 'Let's pretend' ! You will clearly love it!

✱ Hyeon Ju Park

This book is to make for the first time I like it very much because it 'a real book' filled with pride. I am the teacher and children to read the book as soon as the day I hope!!

✱ Ha eun Yoon

Live always in the best company when you read. This is my favorite saying. I hope this book will be a good friend for you.

✱ Da Eun Kim

Hi~! I'm da eun Kim, a girlfriend of the band 'Buzz' vocalist kyung hoon Min, at least in fairy tales. Let's fulfill our own dreams in fairy tales with me! Take my hand, into the fairy tales, let's go~!

✱ Yoon Joo Nam

I eat chocolate cake each time I'm under a lot of stress, I hope children who read this book feel fairy tales in the book like my chocolate cake.

✱ Cheryoung Oh

Cheryoung Oh. A 17 years old girl who loves to do anything creative. Always living in her dreams.

✱ So Yeon Lee

The most bright and passionate captain who leads everyone!
Modern day Anne of Green Gables(red-haired Anne) who does not give up on any trial.
"Completion of miraculous fairy tale. Now it is only left the children's dreams are sprouting⋯★"

✱ Yeong Seo Lee

Yeong Seo Lee, She is second to none in writing!
A little fairy-tale writer developing children's ability to think, and a calm poker face to the writing than anyone else. But actually, she is called 'Big fan of JiSung Teacher⋯'